Das professionelle 1x1

Claudia Grötzebach

Gekonnt schlagfertig –

nie wieder um Antwort verlegen

Unfairen Attacken wirkungsvoll begegnen

Die Kunst der non-aggressiven Schlagfertigkeit

Typische Reiz-Reaktionsmuster durchschauen

Cornelsen

Verlagsredaktion: Ralf Boden
Layout und technische Umsetzung: Text & Form, Karon / Düsseldorf
Umschlaggestaltung: Magdalene Krumbeck, Wuppertal
Titelfoto: © ifa Bilderteam

Informationen über Cornelsen Fachbücher und Zusatzangebote:
www.cornelsen.de/berufskompetenz

1. Auflage

Druck: Druckhaus Thomas Müntzer, Bad Langensalza

ISBN 978-3-589-23525-4

Inhalt gedruckt auf säurefreiem Papier aus nachhaltiger Forstwirtschaft.

Sehr geehrte Leserin, sehr geehrter Leser,

nun haben Sie wieder ein neues Buch zum Thema Schlagfertigkeit in der Hand und müssen sich entscheiden, welches Ihnen mehr Nutzen bringen wird.

Ich habe meinen sehr eigenen Zugang zu dem Thema und dieses Buch wird sich für Sie lohnen, wenn Sie folgende Ziele als wichtig erachten:

- Ich will mit Kollegen und Kunden besser zusammenarbeiten.
- Ich will mich nicht länger ärgern.
- Kooperation ist mir wichtiger als Rache oder Revanche.
- Es geht mir nicht darum, dem anderen eins auszuwischen.
- Ich möchte mir etwas Gutes tun, aber nicht auf Kosten anderer.
- Ich will verstehen, was da eigentlich passiert.

Wenn Sie diese Ziele nicht so teilen, dann sollten Sie auf dieses Buch eher verzichten. Ich postuliere Formen der Schlagfertigkeit, die sich darum bemühen, nicht aggressiv zu sein. Mir liegt daran, andere nicht unnötig zu verletzen und eher einen Konsens statt eine Konfrontation zu erreichen. Das gelingt nicht immer und es wird immer wieder Phasen geben, in denen auch Ihnen das nicht gelingt. Doch Stück für Stück – wenn wir uns darum bemühen – finden wir immer wieder nach Irrungen und Wirrungen zu diesem roten Faden der Non-Aggressivität zurück.

Schlagfertig sein bedeutet, souverän zu handeln, die eigenen Ziele konsequent zu verfolgen, und das möglichst nicht auf Kosten Dritter, sondern auch zu ihrem Nutzen. Nonaggressive Schlagfertigkeit ist nach meinem Verständnis großzügig, mit sich wie mit anderen.

Wenn Ihnen das sympathisch ist, nicht zu gewinnen um jeden Preis, den anderen nicht klein zu machen, nicht nach Schuld zu suchen ... dann sind Sie hier richtig.

Viel Erfolg!

Bergisch Gladbach, im Januar 2008 *Claudia Grötzebach*

Inhaltsverzeichnis

1 Selbsterkenntnis als erster Schritt zur Besserung: Testen Sie Ihre Reaktionen

„Warum passiert mir das immer?“ „Wie schafft der das nur immer?“ „Ich falle doch immer wieder darauf herein!“

Haben Sie das auch schon einmal gedacht? Wenn ja, dann lohnt es sich für Sie, sich Ihr eigenes Verhalten einmal genauer anzuschauen. Denn: Jeder Mensch hat typische Verhaltens- und Denkweisen. Insbesondere „liebe“ Mitmenschen haben einen Blick für unsere Verhaltensmarotten und nutzen sie häufig, um uns in die Pfanne zu hauen. Ihre eigenen Reaktions- und Denkmuster zu erkennen, kann Ihnen also helfen, Ihre eigenen „Angebote“ künftig zu erkennen und nicht mehr länger zu machen.

Ich habe Ihnen eine Reihe von Tests zusammengestellt, damit Sie sich selbst auf die Spur kommen können.

Kommen Sie sich selbst auf die Spur

Und über was geben Ihnen diese Tests Aufschluss? Im Einzelnen habe ich versucht, zunächst einmal Ihre Selbsteinschätzung abzufragen. Wie zufrieden sind Sie mit sich selbst?

Weiter geht es darum herauszufinden, ob Sie typische Reaktionsmuster entwickelt haben und wenn ja, welche. Die Kenntnis Ihrer eigenen Reaktionsmuster wird Ihnen helfen, Ihr Verhalten zu verändern, wenn Sie das möchten – und wenn es für Sie sinnvoll ist.

In einem weiteren Test möchte ich Ihnen die Möglichkeit geben herauszufinden, wie sensibel Sie sind. Wie stark sind Ihre Schockreaktionen ausgeprägt? Wie lange wirken sie nach? Wie stark beeinträchtigen sie gegebenenfalls Ihre Reaktionsmöglichkeiten?

Abschließend geht es noch darum zu überprüfen, worauf Sie sensibel reagieren. Je besser Sie Ihre wunden Punkte kennen, desto eher können Sie lernen, sich nicht reaktiv zu verhalten, sondern überlegt und absichtsvoll zu handeln. Je bewusster Sie agieren, desto weniger sind Sie angreifbar und anfällig für Manipulationen.

Wo liegen Ihre wunden Punkte?

Und nun wünsche ich Ihnen einen persönlichen Erkenntnisgewinn bei diesen Tests. Bitte seien Sie nicht zu streng mit sich und mit mir. Tests sind nie „perfekt“ und Sie werden sicherlich auch feststellen, dass die abgebildeten Reaktionen nicht unbedingt die Ihren sind. Suchen Sie sich im jeweiligen Falle aus, was Sie für sich am wahrscheinlichsten finden. Am besten und aufschlussreichsten ist es, wenn Sie ganz spontan aus dem

Gefühl heraus reagieren. (Übrigens: Die jeweilige Auflösung am Ende dieses Kapitels sollten Sie erst aufsuchen, nachdem Sie die Tests gemacht haben.) Und wenn Sie Verbesserungsvorschläge haben, freuen wir uns über Ihre Rückmeldungen.

1.1 Die Tests

1.1.1 Wie schätzen Sie Ihre eigene Schlagfertigkeit ein?

Lesen Sie bitte die fünf angebotenen Selbsteinschätzungen durch und überlegen Sie sich, welche Ihrer Meinung nach am ehesten auf Sie zutrifft. Sie können ein Kreuz machen, müssen sich also für eine einzige Alternative entscheiden.

A	❑	Eigentlich gut, auch bei persönlichen Angriffen finde ich stets die richtigen Worte, um meinem Gegenüber den Wind aus den Segeln zu nehmen und eine weitere Eskalation zu vermeiden.
B	❑	Eigentlich gut, bei persönlichen Angriffen gehe ich stets in die Gegenoffensive, auch wenn die Situation dann ab und an eskaliert. Dann weiß mein Gegenüber schon, wo der Hammer hängt.
C	❑	Das ist sehr unterschiedlich. Ist die Gesprächsatmosphäre angenehm, dann fällt es mir relativ leicht, schlagfertig zu reagieren. Aber bei persönlichen Auseinandersetzungen fehlen mir häufig die richtigen Worte. Dann reagiere ich eher zurückhaltend, damit die Situation nicht weiter eskaliert.
D	❑	Meine Schlagfertigkeit könnte insgesamt besser sein. Mir fallen eher selten gute Antworten ein und ich ärgere mich häufig im Nachgang, dass mir nichts Passendes eingefallen ist.
E	❑	Schlagfertigkeit kann ich mir nur wünschen. Üblicherweise fallen mir keine Antworten ein und auch im Nachhinein fehlen mir meist passende Antworten. Das ärgert mich schon sehr.

Was haben Sie angekreuzt? A, B, C, D oder E? Dann schauen Sie am Ende dieses Kapitels nach, dort finden Sie die Erläuterungen zu Ihrer Selbsteinschätzung.

1.1.2 Ihre wunden Punkte

Prüfen Sie sich doch bitte einmal selbst: Welcher Unterton oder welches unterschwellige Verhalten kann Sie auf die Palme bringen und Ressentiments erzeugen? Hier können Sie überall da Ihr Kreuz machen, wo Sie es für richtig und zutreffend halten.

Es bringt mich auf die Palme, wenn	
❑	mich jemand von oben herab behandelt.
❑	jemand arrogant, überheblich oder belehrend ist.
❑	mich jemand mit Zahlen, Daten oder Fakten mundtot machen will.
❑	mir jemand ironisch kommt.
❑	einer einen cholerischen Wutanfall bekommt.
❑	mir jemand etwas unterstellt und möglichst auch noch Falsches.
❑	mir jemand sarkastisch und/oder zynisch begegnet.
❑	jemand polemisch wird.
❑	jemand permanent mit irgendwelchen Verallgemeinerungen oder Allgemeinplätzen argumentiert.
❑	man mich mit Killerphrasen („*bringt nichts*“, „*aussichtslos*“) und möglichst auch noch fatalistischen mundtot machen will.
❑	man mich geflissentlich überhört, also mit Ignoranz reagiert.
❑	man suggestiv oder manipulativ arbeitet und mich so zu einer bestimmten Antwort oder Reaktion drängen will.
❑	man mir gegenüber Imponiergehabe und Angeberei herauskehrt.
❑	jemand auf cool macht und superlässig auftritt.
❑	jemand permanent die Zustimmung der anderen sucht.
❑	jemand auf Fragen immer mit Gegenfragen antwortet und stets ausweicht.
❑	Sonstiges:

1.1.3 Sind Sie ein übler Grübler?

Wie reagieren Sie, wenn Sie jemand ärgert, brüskiert oder schockiert: Welche Verhaltensweisen beobachten Sie an sich selbst in peinlichen oder gefährlichen Situationen? Sie können maximal drei Kreuze machen.

1	❑	Manchmal ärgere ich mich schon sehr, aber oft ist mir das auch egal.
2	❑	Ich ärgere mich maßlos und denke stundenlang darüber nach, was ich hätte sagen oder tun können.
3	❑	Man muss doch nicht immer alles so bierernst nehmen.
4	❑	Irgendwie sehe ich die Szene immer wieder vor Augen und ärgere mich dann auch immer wieder aufs Neue.
5	❑	Stunden später fallen mir dann immer wieder gute Repliken ein.
6	❑	Ich drehe mich um und hake die Sache ab. Vorbei ist vorbei!
7	❑	Das Ganze ist typisch für mich und ich denke die ganze Zeit nach, was ich da jetzt wieder falsch gemacht habe!
8	❑	Mal verliert man und mal gewinnt man. So ist das Leben.
9	❑	Ob ich will oder nicht, das kommt einfach immer wieder in mir hoch. Das verfolgt mich manchmal richtig.
10	❑	Ich ärgere mich und gehe die Situation im Geiste immer wieder durch.
11	❑	Ich ärgere mich zwar, aber die Szene durchleben, das tue ich nun doch nicht.
12	❑	Ich bereite mich auf das nächste Mal gut vor. Der kriegt das schon noch heimgezahlt.
13	❑	Meist habe ich das irgendwie von selbst vergessen.
14	❑	Meist konzentriere ich mich auf etwas anderes, wenn das hochkommt, und dann ist das Ganze auch relativ schnell wieder vergessen.

Sie finden die Auflösung am Ende des Kapitels.

1.1.4 Welche Strategie ist empfehlenswert?

Ihr Gesprächspartner attackiert Sie in unfairer Weise. Welche der folgenden Strategien sind Ihrer Ansicht nach geeignet, um ihm Kontra zu geben?

1	❑	Den Gesprächspartner in gleicher Weise auf der persönlichen Ebene angreifen.
2	❑	Die unfaire Dialektik direkt ansprechen.

3	❑	Betont sachlich und nicht emotional reagieren, also frei nach dem Motto: „*Hart in der Sache, aber weich in der Form.*"
4	❑	Die Spannung mit Humor aus der Auseinandersetzung nehmen, um auf die Sachebene zurückzukehren.
5	❑	Ganz bewusst eine lange Pause machen, bevor ich etwas erwidere.
6	❑	Den Gesprächspartner scharf in die Schranken weisen.
7	❑	Den Gesprächspartner mit Rückfragen in die Defensive drängen, um so die Gesprächsführung wieder (zurück) zu gewinnen.
8	❑	Die unsachliche Bemerkung einfach ignorieren.
9	❑	Den unfairen Angriff mit der Entgegnung: „*Darauf komme ich später noch einmal zurück*" ins Leere laufen lassen.

1.1.5 Welcher Reaktionstyp sind Sie?

Bitte lesen Sie sich die folgenden Situationsbeschreibungen durch. Sicherlich haben Sie so etwas schon einmal in ähnlicher Form erlebt und können sich die Situationen vorstellen.

Bitte prüfen Sie die Beispielsituationen daraufhin, wie Sie üblicherweise reagiert hätten oder am wahrscheinlichsten reagieren würden. Sie können pro Situation zwei Kreuze machen.

Situation 1

Stellen Sie sich Folgendes vor: Sie sitzen an Ihrem Schreibtisch und suchen verzweifelt die Akte XY und äußern Ihrer Kollegin gegenüber: „*Gerade hatte ich sie doch noch. Vor dem Telefonat mit Herrn Meier habe ich sie doch noch bearbeitet!*" Die Kollegin dazu süffisant: „*Na, ein Genie sind Sie ja wohl nicht gerade.*"

C	❑	Ich bin sprachlos.
A	❑	Ich ziehe die Brauen hoch, gucke warnend und entgegne nachdrücklich: „*Wie bitte?*"
C	❑	Ich werde rot.
B	❑	Ich schlucke betroffen und/oder beschämt und suche mehr oder minder nervös weiter.

A	❑	Ich antworte: *„Ach, blöde Sprüche machen, können Sie gut?“*
B	❑	Ich zittere regelrecht vor Ärger und Scham, bringe aber nichts heraus.

SITUATION 2

Sie halten vor Kollegen eine Präsentation. Auf dem Weg zum Podium stürzen Sie über ein Kabel, Ihre Unterlagen fallen hin. Alle lachen.

C	❑	Ich werde rot und/oder fange an zu zittern ...
A	❑	Ich knöpfe mir die Leute vor: *„Ihnen ist so etwas wohl noch nie passiert?“*
C	❑	Ich bin wie vor den Kopf geschlagen.
A	❑	Ich gucke jemanden aus: *„Wollen Sie mir nicht vielleicht helfen?“*
B	❑	Ich würde am liebsten gleich wieder gehen und komme erst nach einer Weile wieder halbwegs zu mir.
B	❑	Ich entschuldige mich mehrmals mit hochrotem Kopf.

SITUATION 3

Im Supermarkt fragen Sie nach dem inserierten Sonderangebot. Die Verkäuferin herablassend: *„Gucken Sie sich mal den Prospekt an. Das war letzte Woche.“*

A	❑	*„Ich verbitte mir diesen Ton.“* (Was bildet die sich denn ein!)
C	❑	Ich gucke sie fassungslos an.
A	❑	*„Sind Sie eigentlich immer so pampig?“*
B	❑	Ich entschuldige mich für die Störung.
C	❑	Ich stottere: *„Danke.“* Bevor ich weitersuche.
B	❑	Ich tadele mich selbst: *„Oh, das ist typisch für mich. Ich liege immer daneben.“*

SITUATION 4

Ihr Kollege vor einer wichtigen Besprechung: *„Sie werden heute wohl auch wieder nur als Dekoration bezahlt.“*

C	❑	Ich gucke ihn verblüfft an.
A	❑	Ich hebe energisch die Brauen: *„Werden Sie bloß nicht unverschämt."*
B	❑	Ich frage, was ich denn falsch gemacht habe.
B	❑	Ich tue nichts, der ist halt so.
A	❑	Ich kontere: *„Und Sie haben wohl wieder ‚Mutwässerchen' getrunken, was?"*
C	❑	Ich zittere buchstäblich vor Ärger.

SITUATION 5

Das Telefon klingelt; ein Kunde: *„Sagen Sie mal, können Sie eigentlich nicht richtig lesen? Ich hatte ausdrücklich die Stehlampe und nicht die Bettlampe bestellt!"*

C	❑	Ich bin erst einmal sprachlos.
C	❑	Ich weiß einfach nicht, was ich tun soll in solch einer Situation.
B	❑	Ich lege den Hörer auf.
A	❑	*„Wenn Sie wieder in der Lage sind, normal zu sprechen, dann reden wir weiter"*, lege ich auf.
B	❑	Ich frage konsterniert, was ich falsch gemacht habe.
A	❑	*„Was erlauben Sie sich für einen Ton?"*

SITUATION 6

Sie gehen eine öffentliche Treppe hoch und fallen hin. Ihre Sachen verstreuen sich über den Boden.

A	❑	Ich fluche vor Ärger laut vor mich hin.
C	❑	Ich laufe rot an und würde am liebsten im Boden versinken.
B	❑	Ich sehe zu, dass ich wegkomme.
C	❑	Ich sitze erst einmal und überlege, was mir da passiert ist. Dann stehe ich auf und setze meinen Weg fort.

B	❑	Wenn mir Passanten helfen wollen, lehne ich dankend ab. Das ist doch zu peinlich.
A	❑	Ich gucke die Glotzer böse an, sodass sie möglichst schnell weitergehen.

SITUATION 7

Sie stehen am Schalter und finden Ihr Portmonee nicht. Der Kassierer: *„Tja, Buerlecithin soll ja helfen.“*

A	❑	*„Ihre überflüssigen Bemerkungen können Sie sich sparen!“*
B	❑	Ich laufe rot an und entschuldige mich.
A	❑	Ich brülle diesen Möchtegernautokraten an.
C	❑	Ich suche verbissen weiter.
C	❑	Ich lache verlegen über die Bemerkung.
B	❑	Ich verlasse die Schlange und suche mein Portmonee.

1.1.6 Welche Schockreaktionen zeigen Sie?

Bitte kreuzen Sie an, welche Reaktionen Sie bei sich in Schock- und Angriffssituationen beobachten:

1	❑	Ich werde sehr unruhig und hampele oder laufe oft herum.
2	❑	Ich lache über meine Ungeschicklichkeit.
3	❑	Mir wird eiskalt.
4	❑	Ich bin wie erstarrt.
5	❑	Ich werde häufig fahrig.
6	❑	Mir wird der Mund ganz trocken.
7	❑	Mir wird meist warm.
8	❑	Ich fühle mich wie vor den Kopf geschlagen.
9	❑	Ich bin oft benommen und kann teils gar nicht mehr richtig denken.
10	❑	Mein Magen verkrampft sich.

11	❑	Ich verliere schon mal den Faden, aber nach einem Moment finde ich zum Thema zurück oder bin wieder reaktionsfähig.
12	❑	Manchmal wünsche ich mir eine Toilette herbei.
13	❑	Ich fange häufig an zu zittern.
14	❑	Ich bin etwas langsamer als normal, aber dann berappele ich mich wieder.
15	❑	Ich kann oft erst mal keinen klaren Gedanken fassen.
16	❑	Ich erlebe da manchmal einen totalen Fadenriss.
17	❑	Ich werde gerne rot.
18	❑	Mir ist oft vor Nervosität schlecht.
19	❑	Ich empfinde häufig ein inneres Wärmegefühl.

Unter Umständen kann es für Sie sinnvoll sein, die hier ermittelten Ergebnisse mit den vorherigen zu vergleichen. Sie erkennen dann eventuelle Unterschiede zwischen Ihrer Selbsteinschätzung und Ihrem tatsächlichen Verhalten.

1.2 Erläuterungen und Auflösungen

1.2.1 Wie schätzen Sie Ihre eigene Schlagfertigkeit ein?

Hier finden Sie die Erläuterungen zu Ihrer angekreuzten Reaktion:

A Nicht nur Ihre Reaktionsfähigkeit, sondern vor allem Ihre Gelassenheit und Ihre Einstellung – auch unter Stress – sind bemerkenswert. Sie sind ein Gewinn für Ihre Umgebung, da Sie auch bei persönlichen Angriffen und Auseinandersetzungen danach streben, Eskalationen zu vermeiden.

Die Techniken in diesem Buch können Sie bei diesem Versuch vielleicht noch hier und da unterstützen. Aber es kann sein, dass Sie einen Großteil bereits kennen und erfolgreich anwenden.

B Meinen Glückwunsch zu Ihrer Reaktionsfähigkeit. Aber Sie neigen schon dazu, aggressiv zu werden. Das ist – ehrlich – nicht immer gut, auch wenn man dadurch viele „Gefechte" gewinnt. Vermutlich werden Ihnen viele der im

Folgenden vorgestellten Strategien nicht gefallen, weil sie Ihnen zu defensiv sind. Aber sie dürften Ihr Handlungsspektrum spürbar erweitern und den Verlauf vieler Gespräche entspannter gestalten. Versuchen Sie es doch einmal so zu betrachten.

C Sie gehören tatsächlich zu einer großen Gruppe: Wenn Sie sich in einer angenehmen Gesellschaft befinden, sind Sie locker, entspannt und damit schlagfertig, doch unter Anspannung *„verlässt es Sie"*. Dann neigen wir oft zu extremen Reaktionen: Passivität, Rückzug oder dem überzogenen *„mit Kanonen auf Spatzen"* schießen. Für Sie könnte es nützlich sein, ein paar Techniken für die Stresssituationen an die Hand zu bekommen.

Sie werden hier sicherlich einige Verhaltensvarianten für jene kritischen Fälle finden, in denen Sie mit Ihrer Reaktionsfähigkeit noch nicht ganz zufrieden sind.

D Sie sind mit Ihrer Schlagfertigkeit nicht gerade zufrieden. Ob Sie tatsächlich so wenig schlagfertig sind, kann ich nicht beurteilen, aber Sie sollten aufhören, so streng mit sich zu sein. Sie machen sich nur selbst Stress.

Ich glaube, dass Sie nach der Lektüre sicherlich eine Menge von Handlungsmöglichkeiten und vorhandene Fähigkeiten bei sich entdecken und auch schätzen lernen. Und so einiges Neue könnten Sie auch noch finden.

E Sie sind ein harter Fall, scheint es. Keine passenden Antworten, auch nicht im Nachhinein? Und dann ärgern Sie sich auch noch? Sie sollten dringend damit aufhören, sich selbst zu ärgern. Versuchen Sie, Ihre Ansprüche herunterzuschrauben. Das ist kein Aufgeben, sondern Klugheit. Arbeiten Sie sich dann langsam durch dieses Buch. Nicht immer, aber immer öfter werden Sie reaktionsfähig.

1.2.2 Ihre wunden Punkte

Jeder Mensch hat seine sensiblen Stellen und wunden Punkte, bei denen er *„abgeht wie eine Rakete"*. Gerade wenn wir es mit üblen Zeitgenossen zu tun haben, dann finden diese gerne und schnell unsere wunden Punkte heraus.

Wenn Sie souveräner handeln und sich weniger manipulieren und provozieren lassen wollen, dann sollten Sie etwas dagegen tun. Schauen Sie sich an, worauf Sie empfindlich reagieren. Die Kreuze oben in der Tabelle sagen es Ihnen.

Sie denken jetzt vielleicht: *„Na, das wird mich aber weit bringen."* Nun, Sie haben Recht, die eigenen Schwachpunkte zu kennen, reicht nicht aus. Die Identifikation unserer empfindlichen Stellen ist aber Voraussetzung für die eigentliche Arbeit, damit wir im Alltag bewusst wahrnehmen können, wenn ein anderer sie berührt.

Das kann schon beim Lesen eines Buches geschehen. Auch eine Lektüre kann unsere empfindlichen Punkte treffen, deswegen lieben oder meiden wir bestimmte Bücher. Kennen wir unsere wunden Punkte, nehmen wir entsprechende Berührungen und Treffer zunehmend anders wahr und können so langsam unabhängiger und zielorientierter handeln. Damit machen wir uns allmählich vom Einfluss anderer unabhängig und lernen, aktiv zu agieren, statt passiv zu reagieren. Dies zu erkennen, sollte Ihnen unser kleiner Test helfen.

Zum Einstieg sollten Sie einmal eine Liste mit Bemerkungen oder Handlungsweisen zusammenstellen, die Sie in der Vergangenheit sehr getroffen haben. Die Punkte auf dieser Liste können Sie dann – nach und nach – mit den Techniken aus diesem Buch bearbeiten und sich für die Zukunft andere Reaktionsmöglichkeiten zurechtlegen.

1.2.3 Sind Sie ein übler Grübler?

Dieser Test gibt Ihnen Auskunft darüber, wie stark Sie auf peinliche Situationen und Übergriffe reagieren.

Antwort	Reaktionstyp
3, 6, 8, 13	Glückwunsch, Sie gehören zu jenen Menschen, die eine gesunde Portion Gelassenheit in sich tragen und wenig grübeln. Das hält Ihr Nervenkostüm gesund und belastbar und sorgt für eine lockere Grundeinstellung, die die Kunst der Schlagfertigkeit nicht nur fördert, sondern teils sogar ermöglicht.
1, 5, 11, 14	Sie gehören anscheinend zu den Menschen, die mal so und mal so reagieren. Vermutlich liegt dies daran, dass Sie bestimmte wunde Punkte haben, wo Ihnen eine Sache oder eine Situation nachgeht. Günstig ist, wenn Sie sich dieser wunden Punkte bewusst sind, denn dann werden Sie in immer mehr Fällen locker und gelassen reagieren können und negative Erlebnisse auch schneller im Nachhinein abhaken. Das ist vor allem gut für Sie.

2, 4, 7, 9, 10, 12	Haben Sie eine oder mehrere dieser Alternativen angekreuzt? Dann gehören Sie eher zu den Grüblertypen. Manche Situationen gehen Ihnen intensiv nach. Manche Grübler können ihre Gedanken kontrollieren; das finden Sie in den Antwortvarianten 2, 7, 12. Wenn Sie sich hier wiedererkennen, dann haben Sie einen Vorteil, denn Sie richten Ihre Gedanken auf das Ärgernis und können sie auch bewusst auf etwas anderes richten. Sie können also versuchen, Ihren Ärgerpegel auf diese Art und Weise zu kontrollieren. Bei den Grüblern dagegen, bei denen gewisse Szenen immer wieder unwillkürlich „hochpoppen", ist diese Kontrolle nicht gegeben und Sie müssen sie unter Umständen erst erlernen. Lenken Sie sich ab. Richten Sie Ihre Gedanken künftig bewusst auf etwas anderes. Sie sollten in jedem Falle etwas für Ihre Gelassenheit tun, denn das Brüten und Kreisen nutzt niemandem und schadet vor allem Ihnen selber. Wenn Sie negative Szenen erleben, dann sollten Sie sie künftig positiv nutzen und die (im Nachhinein) gefundenen Repliken aufschreiben und bei Gelegenheit in der Praxis anwenden. Nur so bringt Ihnen das gedankliche Hin- und Herwenden einer Situation, in der Sie nicht wechseln konnten, etwas.

1.2.4 Welche Strategie ist empfehlenswert?

1	Vorsicht, das ist eine aggressive Strategie, bei der Sie sich auf die gleiche Ebene begeben wie Ihr Angreifer und eine Situation schnell eskalieren kann.
2	Eine durchaus gute Strategie, aber das braucht auch Mut und kann manchmal auch schiefgehen, wenn jemand einfach Ihre Ansicht als Fehlinterpretation darstellt.
3	Uneingeschränkt gut, hat aber Grenzen. Insbesondere, wenn es jemand darauf anlegt, Sie zu provozieren. Dann lohnt es sich, in der Sache zu handeln.
4	Uneingeschränkt gut, hat aber ihre Grenzen, wie in 3 beschrieben. Unter Umständen muss man auch mal etwas direkter werden.
5	Passt immer, und dann sind 3 oder 4 als Ergänzung perfekt.
6	Vorsicht: Es könnte ja auch ein Missverständnis gewesen sein ... Lieber erst einmal nachfragen oder 3 oder 4 anwenden.
7	Ist durchaus möglich. Aber Sie könnten ruhig einmal 3 bis 5 als Alternative wählen.

8	Da kann man nicht mäkeln. Doch, wie in 3 und 4 beschrieben, kann auch hier ein Provokateur am Werke sein. Dann müssten Sie vermutlich auch einmal direkter werden oder andere Strategien wählen.
9	Auch eine gute Variante, die ausgesprochen sachlich wirkt. Sie hat aber ihre Grenzen, wie bereits in 3, 4 oder 8 beschrieben, und dann wären unter Umständen Alternativen oder auch einmal harte Bandagen erforderlich.

1.2.5 Welcher Reaktionstyp sind Sie?

In diesem Test werden Ihre typischen Reaktionsmuster abgefragt. Es geht also nicht darum, den tollsten Spruch zu platzieren. Jeder Mensch hat – das sollte man wissen – typische Reaktionsmuster. Manche Menschen sind eher defensiv, andere tendieren dazu, eher aggressiv zu reagieren. Woher diese Verhaltensvorliebe kommt, ist vermutlich genetisch angelegt, aber sicherlich auch durch das Umfeld geprägt. Wer in einem Umfeld groß wird, in dem aggressive Verhaltensmuster „belohnt" werden, der wird auch tendenziell häufiger aggressiv reagieren. Dieses Umfeld kann das Elternhaus, die Schule oder auch der Freundeskreis sein.

Häufig wird berichtet, dass Menschen, wenn sie in einen neuen Freundeskreis geraten, eine Ausbildung beginnen oder die Stelle wechseln, auch ihr Verhalten verändern. Sie passen sich ihrem Umfeld an. Sie werden geprägt; niemand kann sich diesem Einfluss entziehen.

Interessant aber ist dabei, dass gerade diese Offenheit für Prägung zeigt:

JEDER VON UNS KANN SEIN VERHALTEN VERÄNDERN.

Sie sind nicht dazu verdammt, ein für alle Mal das immer gleiche Verhalten an den Tag zu legen. Sie können Ihre Verhaltensmuster verändern und bewusst erweitern, wenn Sie einmal Ihren eigenen Präferenztyp kennen und bewusst daran arbeiten, andere Handlungsvarianten zu erkennen.

Doch lassen wir jetzt einmal die Theorie und schauen wir, zu welchen Reaktionen Sie neigen:

Sie haben den Test durchgeführt? Dann übertragen Sie Ihre Ergebnisse jetzt bitte in folgende Tabelle. Dazu addieren Sie die jeweils unter A, B und C angekreuzten Werte. Tragen Sie die jeweiligen Gesamtsummen in die Tabelle ein.

Kategorie	A	B	C
Summe			

Ihr Ergebnis kann ausgeprägte Spitzen ergeben oder weitgehend ausgeglichene Werte zeigen. Für die verschiedenen Varianten hier die Typbeschreibungen:

AUSPRÄGUNG/REAKTIONSTYP AA: „DAS NASHORN“

Haben Sie eine hohe Punktzahl im A-Bereich erzielt? Dann tendieren Sie vielleicht zu diesem Reaktionstyp.

Tendenz zu eher aggressivem Verhalten

Er zeigt ein eher aggressives Verhalten, ähnlich wie ein Nashorn. Wenn dies gereizt wird, dann wird es aggressiv, Sie kennen das sicherlich aus Filmen und Reportagen. Ausgeprägte Vertreter dieses Reaktionstyps können vor Ärger oder Angst Grenzen vergessen.

Der Spruch: *„Was guckst du?“*, den Sie vielleicht bei dem Komiker Kaya Yanar gehört haben, könnte für diese Handlungsvariante stehen. Jemand, dem ständig dieser Spruch auf der Zunge liegt, ist permanent zum Kampf bereit und zeigt dies auch. Das schlägt sich auch häufig in entsprechenden Formulierungen nieder, wie *„Wollen Sie was?“*, *„Kommen Sie mir hier nicht dumm!“* oder *„Ich bin vielleicht hässlich, aber du bist blöd!“*, die den anderen mundtot machen, verletzen oder ihm drohen.

Das muss aber nicht immer im Klartext formuliert werden, sondern kann auch körpersprachlich geschehen. Ein einfaches *„Danke“*, schrill und laut formuliert, drückt die Aggressivität dieses Reaktionstyps genauso aus. Wer das hört, interpretiert: Hier ist Rückzug angesagt oder es gibt Krieg.

Die letzte Variante, die sich bei Menschen mit diesem Reaktionsmuster ausdrückt, besteht in Tätlichkeiten. Nein, das muss nicht die Ohrfeige oder der Boxhieb sein, es kann auch ein *„sich in die Brust werfen“* sein, ein *„die Ellbogen drohend spreizen“*, das „aufgeplustert“ auf den anderen Zugehen oder ein drohender Blick.

Dieser Reaktionstyp will nicht verhandeln, sondern kämpfen bzw. gewinnen. Ein Instinktprogramm läuft hier ab, das das Denken ausschaltet und den Körper steuert.

AUSPRÄGUNG AB

Sie haben starke Werte in den Bereichen A und B? Dann tendieren Sie zu einem Mischtyp. Sie sind vermutlich hin- und hergerissen zwischen den Reaktionsmustern Aggressivität und Defensive. Je nachdem, in welchen Situationen Sie sich befinden, gewinnt eines der beiden Reaktionsmuster überhand. Sie sollten prüfen, welche Faktoren da jeweils ausschlaggebend sind.

Sie schwanken zwischen Aggressivität und Defensive

Beide Reaktionsmuster zeigen aber vor allem eines, Sie sollten mit mehr Bedacht handeln und sich Zeit zum (Nach-) Denken nehmen, bevor Sie Ihrem Ungestüm Lauf lassen.

AUSPRÄGUNG AC

Sie haben hohe Werte in den Bereichen A und C erzielt? Dann tendieren Sie vermutlich zu einem der Mischtypen. In diesen Fällen wechseln Sie zwischen Aggressivität und Erstarrung. Das ist kein Widerspruch, denn unterschiedliche Umstände können unterschiedliche Reaktionsmuster in uns auslösen.

Sie schwanken zwischen Aggressivität und Erstarrung

Wichtig ist aber, dass beide Reaktionsmuster stärker instinktgesteuert sind. Ihnen täte Kontrolle gut. Sie sollten Ihre Verhaltenspalette erweitern und stärker verstandgesteuert reagieren.

REAKTIONSTYP BB: „DIE ANTILOPE"

Haben Sie hohe Punktwerte im B-Bereich erzielt? Dann tendieren Sie zu diesem Reaktionstyp.

Er ist vor allem defensiv und stets zum Rückzug und zur Flucht bereit – eben wie eine Antilope. Er neigt in kritischen Situationen dazu, zurückzuweichen, der Situation aus dem Weg zu gehen, sich zu entschuldigen. Üblicherweise vermeidet er Auseinandersetzungen. Das heißt aber nicht, dass er nicht auch kämpfen kann. Die Antilope entschuldigt sich häufig, nimmt gerne an, dass ein Fehler bei ihr liegt und nicht beim anderen, bemüht sich, es besser zu machen.

Stets zum Rückzug und zur Flucht bereit

Sie neigt dazu, vorauseilenden Gehorsam an den Tag zu legen oder vermeidet kritische Situationen oder Menschen, die sie als problematisch empfindet. Häufig lässt sich das auch körperlich wahrnehmen, sie macht sich klein, fällt in kritischen Situationen in sich zusammen, schaut ängstlich, die Stimme wird leise, sie weicht zurück, prüft mehrfach ihre Leistungen, akzeptiert die Zuweisung von Fehlleistungen.

In kritischen Situationen ist sie oft nur noch eingeschränkt reaktionsfähig, z.B. erlebt sie Gedächtnisstörungen, erinnert einen Sachstand nicht mehr, erlebt „blackoutähnliche“ Zustände. Teils fängt sie an zu zittern und es sind körperliche Reaktionen wie Rotwerden zu beobachten.

AUSPRÄGUNG BC

Sie schwanken in Ihren Reaktionen zwischen Defensive und Erstarrung

Ihre Punktspitzen liegen in den Bereichen B und C? Dann schwanken Sie in Ihren Reaktionen zwischen Defensive und Erstarrung. Sie sind eher zurückhaltend in Ihren Reaktionen und vermeiden Aggressivität. Hier und da könnte sie aber nutzbringend sein. Auch Sie neigen dazu, aus dem Gefühl heraus zu handeln. Mehr Aktivität und vorausschauendes zielorientiertes Verhalten könnten empfehlenswert sein.

AUSPRÄGUNG/REAKTIONSTYP CC: „DAS REHKITZ“

Sie sind oft handlungsunfähig

Sie haben hohe Werte im C-Bereich? Dann tendieren Sie zu diesem Reaktionsbereich, der dem Verhalten eines Rehkitzes ähnelt. Ein Rehkitz legt eine eher defensive Verhaltensweise an den Tag, bei der es oft wie „erstarrt“ ist. Nach manchen Thesen liegt das daran, dass dieser Typ zwischen den Reaktionsmustern „aggressiv“ und „defensiv“ hin- und herschwankt und keines der beiden überhandgewinnt. Diese Menschen sind oft nicht reaktionsfähig, können nicht mehr denken und erleben ausgewachsene Blackouts. Auch hier läuft eine Instinktsteuerung ab, die ein rationales Verhalten in der Regel ausschaltet und damit strategisches Handeln unmöglich macht.

Wenn Ihre Zahlen eher ausgewogen zwischen den Kategorien A, B und C verteilt sind, ist Ihr Verhalten recht ausgeglichen. Dazu kann man Sie nur beglückwünschen, denn das ermöglicht Ihnen unterschiedliche Reaktionsvarianten und Ihr Verhalten ist so – aus der Sicht eines möglichen Aggressors – schlechter nachzuvollziehen oder vorhersehbar.

1.2.6 Welche Schockreaktionen zeigen Sie?

Wenn wir uns in peinlichen Situationen wiederfinden oder angegriffen fühlen, reagieren wir oft mit einem Schock und einer (anschließenden) Verhaltensänderung. Wie ausgeprägt das bei Ihnen ist, will Ihnen dieser Test herauszufinden helfen.

Generell lässt sich sagen, dass Ihre Schockreaktionen umso ausgeprägter sind, je mehr Kreuze Sie gemacht haben.

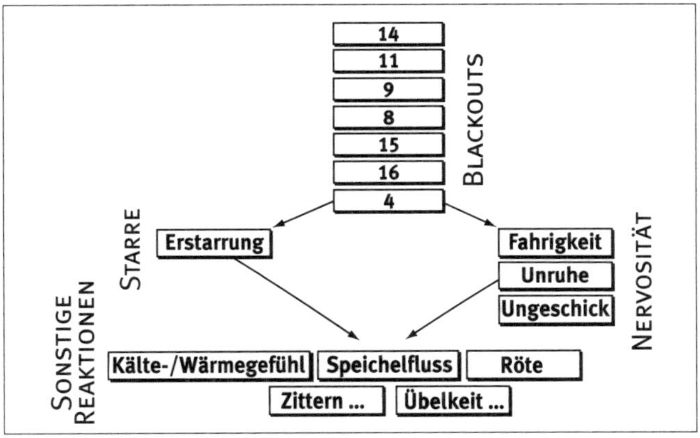

Mögliche Reaktionen bei Schock

Bei den meisten lassen sich „Blackout-Reaktionen“ erkennen, die eine Einschränkung der Denkfähigkeit für einen mehr oder minder langen Zeitraum zeigen.

Sie können von nervösen Reaktionen oder Erstarrungen bis hin zur Übelkeit begleitet sein.

Wir beruhigen uns üblicherweise wieder, wenn wir etwas Zeit bekommen. Wenn Ihre Testergebnisse zeigen, dass Sie unter solchen Reaktionen leiden, dann machen Sie sie zu Ihren Verbündeten. Nehmen Sie sich Zeit, reagieren Sie langsam und dann fangen Sie langsam an, wieder zu reagieren.

2 GEBOTE UND ZIEL DER „GUTEN“ ODER „GELUNGENEN“ KOMMUNIKATION

Bei einer Wahlkampfveranstaltung ereiferte sich eine Frau: *„Wenn Sie mein Mann wären, würde ich Ihnen Gift geben.“* –
Darauf der Kandidat: *„Und wenn Sie meine Frau wären, dann würde ich es nehmen!“*

Als Adenauers Gegner ihm in einem bestimmten Fall vorhielten: *„Früher haben Sie doch eine ganz andere Meinung vertreten“*, antwortete er: *„Wer will mich hindern, von Mal zu Mal klüger zu werden!“*

Was halten Sie von diesen beiden Anekdoten? Die erste wird übrigens teils Adenauer, teils Churchill zugeschrieben. Gefallen sie Ihnen? Möchten Sie auch so wechseln können?

Zu Beginn eines Schlagfertigkeitstrainings lege ich oft Beispiele für Schlagfertigkeiten aus. Viele sind aus Filmen, andere aus Witzen und einige der Werbung entnommen. Damit teste ich die Interessenlage meiner Teilnehmer.

Die meisten finden etwas und sind begeistert. Die Augen leuchten und sie fühlen sich so richtig angenommen. Hier muss ich doch richtig sein, wenn das dabei herauskommt?!

Für mich aber hat diese Übung eine andere Aufgabe: Mir hilft sie, mit meinen Teilnehmern durchzusprechen, was Schlagfertigkeit ist, was sie anrichten kann und was ich mit Sicherheit nicht vermitteln will: *„Brutalität“* und *„Sieg um jeden Preis“*.

So bitte nicht

Anekdote 1 ist eines meiner „Lieblings-Anti-Beispiele“. Stellen Sie sich die Situation doch einmal vor. In einem Gespräch oder einer Runde äußert sich jemand dergestalt, dass Ihnen geradezu die Hutschnur reißt. Spontan lassen Sie sich zu einer unpassenden Bemerkung hinreißen. Und was macht der andere? Er setzt noch einen drauf und macht deutlich, dass Sie als Mensch so schrecklich sind, dass man lieber freiwillig Gift nehmen würde, als es mit Ihnen auszuhalten. Eine fraglos pointierte, letztlich in ihrer Wirkung aber alles andere als witzige Bemerkung.

Das alttestamentarische „Zahn um Zahn, Auge um Auge“ ist heutzutage nicht mehr angebracht

Ein solches Benehmen halte ich im wahrsten Sinne des Wortes für „asozial“. Sicher können Sie einwenden, die Frau habe doch angefangen und schließlich: Auf einen groben Klotz gehört ein grober Keil. Aber tatsächlich sollte uns eines klar sein: Wir sind aus dem Zeitalter des Alten Testaments schon lange heraus. Wir wissen, dass *„Zahn um Zahn, Auge um Auge“* zu nichts führt.

Grenzen aufzeigen, deutlich machen: *„So nicht mit mir!“*, das ist völlig in Ordnung. Aber eine wohl eher spontane Entgleisung mit einem verbalen Tiefschlag zu beantworten, sollte jedem denkenden und fühlenden Wesen fern sein.

Mit diesem Buch bekommen Sie also, ob Sie wollen oder nicht, eine Menge Moral mit auf den Weg.

Was macht aber nun den Unterschied zu Anekdote 2? Diesen Spruch von Adenauer schätze ich sehr. Nicht nur weil er sehr passend ist, sondern weil er auch ein Beispiel dafür ist, was gekonnte Schlagfertigkeit wirklich bewirkt: Sie ermöglicht es mir, unbeeinflusst von anderen – also souverän – meinen Weg zu gehen, meine Ziele zu verfolgen – mich nicht von anderen manipulieren zu lassen.

Schlagfertigkeit ermöglicht Souveränität

Sie kennen doch sicher auch den Spruch: *„Wer A sagt, muss auch B sagen“?* Der spielt irgendwann für jeden eine Rolle. Darf man, wie hier Adenauer, seine Meinung ändern? Darf man seine Meinung auch nachträglich noch ändern? Was sagen die anderen? Insbesondere, wenn das eigene Votum das Zünglein an der Waage ist? Vielleicht verlassen sich andere auf mich und meine Zusagen?

In solchen Entscheidungssituationen ist man oft und manchmal auch lange hin- und hergerissen. Setzen wir uns häufig nicht selbst unter Druck und sind anfällig für Einflussnahmen Dritter? Da sehe ich mein Gegenüber schon den moralischen Zeigefinger heben ... Das passiert ja auch in diesem zweiten Beispiel. Und was macht Adenauer? Er zieht Grenzen, aber nicht auf Kosten anderer, sondern ohne Verluste. Er verweist ganz elegant darauf, dass Beharrlichkeit oder Geradlinigkeit nicht immer vernünftig und logisch ist. Jedem Menschen steht das Recht zu, seine Meinung ändern zu dürfen. Insbesondere, wenn man das Beste will oder das Gute anstrebt.

Das ist für mich „gekonnte Schlagfertigkeit“, denn sie ermöglicht es Ihnen im wahrsten Sinne des Wortes, Ihren eigenen Weg zu gehen, nicht gegen andere, sondern trotz Ihrer Mitmenschen oder mit und für sie.

2.1 Ziel und Zweck „guter“ Kommunikation

In der Kommunikation geht man allgemein von der folgenden Annahme aus:

WENN SIE DEN ANDEREN WERTSCHÄTZEN, WIRD ER AUCH SIE WERTSCHÄTZEN.

... und Sie entsprechend behandeln. Anders ausgedrückt: Wir setzen die These, wenn Sie gut zu Ihren Mitmenschen sind, ihnen z.B. zuhören, ihre Argumente achten, sie ausreden lassen, dann wird man ähnlich mit Ihnen verfahren. Wenn Sie ein ehrliches Verhandlungsergebnis anstreben, wird der andere das auch tun.

Doch grau ist alle Theorie und in der Praxis sieht das doch ganz anders aus! Da balbiert man Sie – trotz all Ihrer Bemühungen – über den Löffel. Da will man ein Ergebnis mit einseitigen Vorteilen durchsetzen. Da hört man Ihnen nicht zu und wischt Ihre Argumente vom Tisch. Natürlich passiert das nicht immer, aber halt immer mal wieder. Gute Kommunikation funktioniert – vorbildlich – bis auf die Ausnahmen.

Gute Kommunikation hat das Ziel, das miteinander Reden und Arbeiten angenehmer, reibungsfreier und effizienter zu gestalten. Und genau das will Schlagfertigkeit auch.

DAS ZIEL DER KUNST DER SCHLAGFERTIGKEIT IST, DIE „GUTE“ KOMMUNIKATION ZU UNTERSTÜTZEN.

Schlagfertigkeit ist kein Selbstzweck

Schlagfertigkeit will nicht um ihrer selbst, um der Eitelkeit willen eingesetzt werden, sondern um ein Gesprächs- oder Verhandlungsergebnis erreichen zu helfen, um Störungen und üble Gesprächstechniken abzustellen und das Miteinander angenehmer zu gestalten. Das ist das Ziel und der Zweck der Kunst der Schlagfertigkeit.

So gelingt gute Kommunikation **PRAXIS**

- Überreden Sie nicht, sondern überzeugen Sie.
- Geben Sie Ihren Partnern Zeit zum Mitdenken und Nachdenken.
- Lassen Sie den anderen mitreden. Im Zweifel ist sein Gesprächsbeitrag wichtiger als Ihrer.
- Reden Sie über das, was ihm wichtig ist, und weniger über das, was Ihnen wichtig ist. Er entscheidet nach seinen Maßstäben, nicht nach Ihren.
- Reagieren Sie auf das, was gesagt wird, nicht auf das, was Sie hineininterpretieren oder ihm unterstellen.
- Bemühen Sie sich zu verstehen, was Ihr Gegenüber meint.

- Verzichten Sie auf Bewertungen und Verurteilungen.
- Halten Sie Ihre Gefühle und Ihr Temperament unter Kontrolle.
- Gehen Sie davon aus, dass der andere gute Gründe für sein Tun hat.
- Bleiben Sie ruhig und geduldig.
- Kontrollieren Sie Ihre Körpersprache.
- Lösen Sie die Probleme des anderen.
- Hören Sie Ihrem Gesprächspartner zu.
- Bevor Sie interpretieren, fragen Sie nach, was gemeint ist.

Diese Regeln sollen verhindern, dass jemand manipuliert wird, also gegen seine Interessen und gegen seinen Willen handelt. Sie sollen helfen, Ergebnisse zu erzielen, die jeder Beteiligte mitträgt und umsetzt. Sie sollen verhindern, dass Sie sich zu etwas verleiten lassen, was Sie später bereuen.

2.2 Die Grenzen der „guten“ Kommunikation und die non-aggressive Schlagfertigkeit

Aber „gute“ Kommunikation stößt da an ihre Grenzen, wo der andere die Gebote verletzt und meine Rechte missachtet. Kommunikation ist an Freiwilligkeit und Spielregeln gebunden, denen sich Partner verweigern und die sie missachten können. Hier setzt die Kunst der non-aggressiven Schlagfertigkeit ein. Sie will den anderen nicht für seine Regelverletzungen bestrafen, sondern ein „gutes“ Gesprächsklima und „gute“ Verfahrensweisen wiederherstellen. Schlagfertigkeit wehrt Übergriffe ab und zeigt Grenzen auf – möglichst ohne zu verletzen.

Schlagfertigkeit bestraft den anderen nicht für Regelverletzungen

2.2.1 Aggressionsspiralen vermeiden

Schlagfertigkeit setzt Grenzen, sie soll – wie schon gesagt – nicht der Rache oder der Revanche dienen. Ihr Zweck ist auch nicht, den anderen kleinzumachen oder gar zu vernichten, wie das manche Menschen so gerne machen, weil das zu Gegenreaktionen führt, die eine weitere Kommunikation oder gar Zusammenarbeit unmöglich machen.

Schlagfertigkeit setzt Grenzen

Eines der hier übelsten Beispiele lieferte der bekannte Late-Night-Talker Harald Schmidt, der in seiner Show einmal nach den Gemeinsamkeiten zwischen einer Ausgabe der Zeitschrift „Emma“, einer Flasche Eierlikör, einer Klobrille und einer bekannten Moderatorin fragte. Antwort: *„Das sind alles Dinge, die würde kein Mann freiwillig anfassen!“* (Was würden Sie empfinden, wenn er das über Sie gesagt hätte?) Später, wohlgemerkt nach dieser Bemerkung, lud Schmidt die betreffende Moderatorin in seine Show ein. Der Besuch endete nach einem kurzen Dank angeblich damit, dass er eine Ohrfeige bekam und alleine sitzen blieb – ohne Gast ... Hier hat sich jemand – schlagend – revanchiert.

Beleidigungen führen immer zu den entsprechenden Konsequenzen

Die Beleidigung eines Menschen – in welcher Form sie auch immer geschehen mag – ist eine Verletzung, die zu entsprechenden Gefühlen führt. Man ist getroffen, verletzt, fühlt sich herabgewürdigt, gedemütigt, bloßgestellt ... Die übliche Reaktion ist deswegen auch das Streben nach Rache und Revanche. So schlägt man also bei Gelegenheit zurück. Nun ist aber der ursprüngliche Aggressor verletzt. Und, wird er das als angemessene Revanche betrachten und es gut sein lassen? Die Erfahrung zeigt, eher nicht. Er seinerseits fühlt sich nun (häufig übrigens völlig unverdient) entsprechend verletzt und empfindet das ganze Spektrum an Rachegelüsten. So schlägt er seinerseits wieder los. Natürlich reine Revanche, nicht?

Eskalieren die Aggressionen, ist eine Zusammenarbeit erschwert oder gar unmöglich

Eine Spirale der Aggression ist so ausgelöst, wo eines das andere bedingt. Schaukelt sich ein solches System erst einmal auf, dann wird es schwer, noch miteinander zu reden, geschweige denn zu arbeiten. Aber das können wir uns ja oft nicht aussuchen. Im Beruf müssen wir es mit manchen Menschen aushalten und da ist es besser, diese Aggressionsspirale zu vermeiden und elegant mit non-aggressiver Schlagfertigkeit zu reagieren, statt verbrannte Erde zu hinterlassen.

Zurück zu dem Beispiel: Nach so einer Entgleisung war ein Miteinander zwischen den Beteiligten quasi unmöglich. Die Kollegin einzuladen war also schon sehr mutig oder sehr naiv. Schmidt hätte sich denken können, dass eine solche Beleidigung nicht ohne Revanche durchgeht – und zwar eine gepfefferte. Ohne eine formelle und öffentlichkeitswirksame Entschuldigung hätte ich mit dem Mann nie wieder etwas zu tun haben wollen. Das hat – das ist Ihnen sicherlich bewusst – auch etwas mit Würde zu tun.

2.2.2 Revanche statt Rache, aber Revanche muss (oft) sein

Gott sei Dank sind diese Art Menschen und derartige Entgleisungen eher die Ausnahme. Selten wird in dieser Weise das Tischtuch zwischen zwei Menschen zerschnitten. Also gilt es, eine elegante Form der Revanche zu finden, die Grenzen aufzeigt, möglichst ohne den anderen zu verletzen.

Grenzen aufzeigen, ohne den anderen zu verletzen

Das ist der Unterschied zwischen Rache und Revanche. Im Fall der Rache geht es um *„Zahn um Zahn, Auge um Auge“*. Revanche dagegen ist eine Reaktion in der Sache, bei der es um genau dieses Prinzip nicht geht.

Sie könnten jetzt z.B. eine Beleidigung einfach hinnehmen. Gibt ein kluger Mensch nicht nach? Doch Sie merken, in Ihnen rumort es, nicht? Tief unten im Bauch wollen Sie nicht vernünftig sein. Sie wollen es dem anderen zeigen. Genau da setzt Schlagfertigkeit ein. Sie revanchiert sich und bedient so unser Rachebedürfnis, aber nicht, indem wir es dem anderen mit gleicher Münze heimzahlen, sondern unerwartet und im Idealfall spielerisch auf die Beleidigung oder Verletzung reagieren und ihn verwirren. Wir geben ihm einen spielerischen Klaps, auf einer anderen Ebene. Das zeigt ihm, wir sind sehr wohl in der Lage, uns zu verteidigen. Wir lassen nicht alles mit uns machen. Wir sind mächtig. Aber – wir sind auch „nett“, deshalb verzichten wir auf Rache.

Schlagfertigkeit ist also auch ein Instrument der Psychohygiene.

Sie hält unser Seelenleben gewissermaßen „sauber“ und stillt Rachegelüste auf vorteilhafte und sozialverträgliche Weise.

Rachegelüste auf sozialverträgliche Weise stillen

Dieser Psychohygienefaktor wirkt sich besonders aus, wenn wir uns in einer peinlichen Situation befinden. Stellen Sie sich ein Geschäfts- oder Abendessen mit Ihrem Chef oder einem wichtigen Kunden vor. Sie bekleckern sich. Ups, da möchte man doch in Grund und Boden versinken, nicht? Eine lockere Bemerkung kann hier die für uns so peinliche Situation entkrampfen und unser „Gesicht“ wahren helfen. Selbst wenn unser Gegenüber an einem solchen Fleck überhaupt nichts findet (es gibt aber Menschen, die bekleckern sich zur Solidarität auch, um ihrem Gegenüber das Gefühl der Peinlichkeit zu nehmen), uns plagt das Gefühl von Unfähigkeit, uns blamiert zu haben und schränkt unsere Denkfähigkeit ein. Wir grübeln permanent über unsere Ungeschicklichkeit und den Fleck nach, statt in der Sache zu reden oder Konversation zu machen. Eine Schlagfertigkeit aber, z.B. ein: *„Eigentlich habe ich doch lange genug geübt, Messer und Gabel zu bändigen, aber manchmal gewinnt die Physik immer noch die Oberhand“*, kann da unseren inneren Seelenfrieden wiederherstellen und uns wieder denk- und handlungsfähig machen. Wer übrigens eine solche entkrampfende Bemerkung macht, ist egal. Sie kann dem Opfer einfallen, aber auch dem Gegenüber. Wichtig ist, sie sollte auflockern.

Ein weiteres Szenario: Sie sitzen in einer Besprechung und machen einen Vorschlag. Wie so oft kommt nun die Kritik – und zwar von allen Seiten – und langsam kristallisiert sich heraus, das ist ja blanker Unsinn, was Sie da von sich gegeben haben. Sie kennen das? Es gibt Situationen, in denen entsteht eine Eigendynamik, eine Art „Fluss“. Sie äußern eine Idee, ein Einzelner übt (massiv) Kritik und schon sind alle Dämme gebrochen und jeder kritisiert Ihren Vorschlag in Grund und Boden. Zwei streiten sich und verlieren jedes Augenmaß. Hier kann eine geschickt platzierte Schlagfertigkeit den „Fluss“ stoppen und dabei helfen, aus der „Negativrutsche“ auszusteigen.

Schlagfertigkeit verfolgt drei Aufgaben

PRAXIS

1. Sie setzt Grenzen, ohne zu verletzen, und wahrt die menschliche Würde.
2. Sie sorgt für Psychohygiene, indem sie die eigenen (aber auch fremde) Bedürfnisse nach Rache und Revanche stillt, ohne verbrannte Erde zu hinterlassen.
3. Sie stoppt eine entstehende negative Eigendynamik.

SO MACHT SIE MENSCHEN WIEDER DENK- UND ARBEITSFÄHIG.

2.2.3 Was gilt für den Einsatz von „Schlagfertigkeiten“?

Für den Einsatz von „Schlagfertigkeiten“ gilt dasselbe wie für die „gute“ Kommunikation, die darauf abzielt, dass

- alle Beteiligten sich gut fühlen,
- alle Beteiligten gewinnen,
- alle Beteiligten geachtet werden,

- für alle Beteiligten tragbare Ergebnisse erzielt werden,
- alle Beteiligten überzeugt (nicht überredet) werden:

Wenn Sie Schlagfertigkeiten einsetzen, dann sollten Sie damit eben genau dies bewirken, um die Gesprächs- und Arbeitsfähigkeit aller Beteiligten (die eigene eingeschlossen) sicherzustellen. Hilfestellungen zu geben, diese Ziele umzusetzen, ist auch Anliegen dieses Buches.

SCHLAGFERTIGKEIT ERMÖGLICHT IHNEN, IHRE SOUVERÄNITÄT ZU WAHREN.

Souveränität ist ein Begriff, der aus der Staatslehre stammt. Er beschrieb ursprünglich die Handlungshoheit eines Staates, also das Recht und das Vermögen, die eigenen staatlichen Belange ohne Einmischung Dritter zu regeln. Nach dem Zweiten Weltkrieg z.B. war das Deutschland nicht möglich. Wir waren kein souveräner Staat.

Vom Einfluss anderer unabhängig werden

Heute bezieht man den Begriff Souveränität auch auf Menschen und beschreibt damit ihr Vermögen, ihr Handeln nach eigenen Maßstäben und Überlegungen zu gestalten, unabhängig vom Einfluss anderer. Schlagfertigkeit hilft, diese Souveränität, die eigene, freie Entscheidung zu wahren. Einflüsse von außen abzuwehren, sich zu befreien. Das bewirkt sie nicht direkt, sondern Sie müssen sich das so vorstellen, dass Schlagfertigkeiten oft helfen, eine Situation atmosphärisch so auszugestalten, dass Sie wieder weitgehend frei und unbeeinflusst denken und entscheiden können.

2.3 Was ist das eigentlich: „Schlagfertigkeit“?

Kommen wir zum eigentlichen Thema: Was ist „Schlagfertigkeit“? Wie so oft, wenn ich mich zum ersten Mal bewusst mit dem Thema beschäftigte, schlug ich in einem Lexikon der deutschen Sprache nach. Da fand ich zwei Definitionen für diesen Begriff, der eigentlich aus dem militärischen Sprachgebrauch stammt. Ursprünglich – Sie kennen das vielleicht auch aus dem Geschichtsunterricht: „Entstehung des 1. Weltkrieges“ ... – bedeutete Schlagfertigkeit die Herstellung der allgemeinen Verteidigungsbereitschaft eines Staates. Wenn also früher die allgemeine Mobilmachung ausgerufen und die Soldaten zu den Waffen gerufen wurden (ein beliebtes Mittel, um

Ursprünglich aus dem militärischen Sprachgebrauch

zu drohen und zu imponieren nach dem Motto: *„Ich meine es ernst“*), dann war das der Zustand der Schlagfertigkeit, die Demonstration von Verteidigungsbereitschaft.

Mittlerweile hat der Begriff einen spürbaren Wandel durchgemacht. Heute verstehen die meisten etwas anderes darunter und der Begriff bezieht sich nicht mehr auf Staaten und ihre Verteidigungsbereitschaft, sondern auf Personen.
Heute versteht man unter Schlagfertigkeit die

- Reaktionsfertigkeit und/oder
- Witzfertigkeit eines Menschen.

Von diesen beiden Fähigkeiten wird vor allem die zu scherzen mit Schlagfertigkeit assoziiert, weniger die Fähigkeit zu reagieren. Doch was Wirkung und Bedeutung angeht, ist Reaktionsfähigkeit in der Regel viel wichtiger. Denn in Situationen, in denen wir Schlagfertigkeit brauchen, muss weniger die Fähigkeit zu scherzen als vielmehr unsere Handlungssouveränität wiederhergestellt werden. In solchen Situationen wünschen sich die meisten, überhaupt erst einmal wieder „zufrieden stellend“ reagieren zu können.

Im Fall der Fälle die Handlungsfähigkeit wiederherstellen

2.3.1 Schlagfertigkeit und Schlagfertigkeiten

Neben diese zwei Fähigkeiten oder Fertigkeiten tritt heute aber noch eine dritte Definition. Unter Schlagfertigkeit verstehen wir auch eine Reihe von Ad-hoc-Strategien und Techniken, die in bestimmten Situationen angewandt werden, um die Rückkehr zu einer normalen Verfahrensweise oder dem üblichen Gang der Geschäfte zu ermöglichen. In der Regel spreche ich, wenn ich diese Definition meine, im Plural von „Schlagfertigkeiten“.

In Ausnahmesituationen wieder zur üblichen Verfahrensweise gelangen

Gerade weil wir in „schwierigen Situationen“ oft nicht mehr zu einer Handlung oder rationalem Denken fähig sind, sind die Ad-hoc-Strategien der Schlagfertigkeit so sinnvoll.

2.3.2 Ohne Spielpass geht es nicht

Schlagfertigkeit entsteht nicht aus dem Nichts, sondern um sie zu entwickeln, brauchen Sie gewissermaßen eine Vorlage in Form

- eines Spielpasses oder
- eines Angriffs.

Dabei nimmt die „Schlagfertigkeit“ das angebotene Sprachmaterial oder die Situation und geht spielerisch und überraschend damit um. Die Kunst dabei ist, dass Ihre Reaktion sachlich passend und situativ angemessen und zutreffend sein muss.

Die Grundsituation oder „Ohne Spielpass geht es nicht!"

Da Sie ohne eine Vorlage weder schlagfertig sein noch Schlagfertigkeit üben können, brauchen Schlagfertigkeit und das Schlagfertigkeitstraining vor allem Ihre Ausdauer und natürlich auch Ihre Wachsamkeit, damit Sie Vorlagen erkennen und richtig nutzen lernen.

Da Sie leider nie wissen, was sich Ihnen hier bieten wird, müssen Sie vor allem auch Ihre Einstellung ändern.

FREUEN SIE SICH AUF DEN NÄCHSTEN FIESLING ODER DIE NÄCHSTE PANNE!

Ändern Sie Ihre Einstellung gegenüber Pleiten, Pech und Pannen

Warten Sie auf eine Gelegenheit, freuen Sie sich auf die nächste Panne, die Ihnen unterläuft, oder auf den nächsten „Fiesling", der Ihnen dummkommt.

Denn erst diese Vorlagen geben Ihnen die Gelegenheit, Ihre Fähigkeiten auszuprobieren und unter Umständen sogar zu brillieren.

Und ganz nebenbei haben Sie damit die richtige Grundeinstellung zur Sache gewonnen: Lockerheit, Vorfreude, Experimentierlust, Abenteuerlust, die Bereitschaft zu spielen und die Dinge nicht zu eng zu sehen ...

Das alles braucht die Kunst der Schlagfertigkeit, denn bierernst funktioniert sie eher selten. Aber sie muss – teils – bierernst rüberkommen.

2.3.3 Die Grundbestandteile

Eine Situation, in der wir Schlagfertigkeit brauchen oder uns wünschen, zeichnet sich durch zwei oder drei Bestandteile aus:

- ein EREIGNIS, das einen ärgert oder in einer anderen Art und Weise emotional berührt
- ein „OPFER" (das können Sie selber, aber auch jemand anderes sein, auf den Sie mit einer Schlagfertigkeit Bezug nehmen)
- einen TÄTER, der das „Opfer" angreift

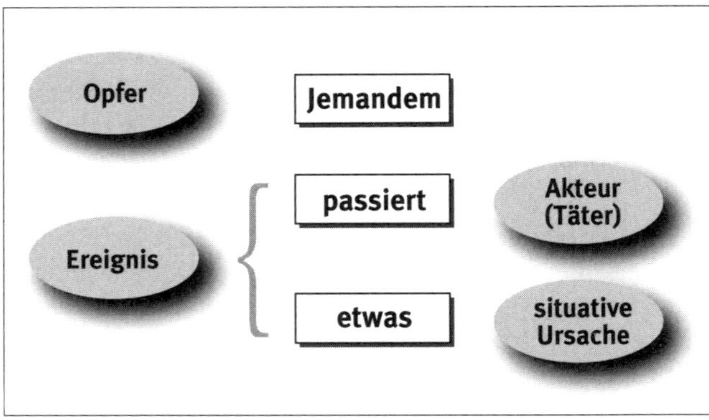

Die Konstellation der Vorlage

Diese Konstellation wollen wir in den folgenden Kapiteln näher behandeln.

Das Ärgernis oder die Vorlage

Die in einer Konstellation liegende Spielvorlage, der Stein des Anstoßes, das Ärgernis, kann ein Ereignis oder ein Übergriff sein.

- DAS EREIGNIS: Dabei handelt es sich oft um Pannen und Missgeschicke, die uns selber oder anderen geschehen. Da fällt etwas herunter, da stottert jemand, da hat jemand einen Fadenriss.
- DER ÜBERGRIFF: Die andere Form der Vorlage ist ein Übergriff. Ein Übergriff ist meist eine Handlung oder eine Bemerkung, die von irgendeinem „Aggressor" begangen wird. Übergriffe sind teils schwer vorhersehbar. Wie will man schon wissen, wann, wo und wie jemand eine „dumme" Bemerkung macht.

2.3.4 Die Leistungen

SCHLAGFERTIGKEIT STELLT UNSERE REAKTIONSFÄHIGKEIT (WIEDER) HER

Schlagfertigkeit stellt in kritischen Situationen unsere Reaktionsfähigkeit wieder her. Typischerweise reagieren wir auf ein Ärgernis schockiert oder verletzt. Vergleichbar dem sprichwörtlichen Kaninchen, das wie gebannt auf die Schlange starrt, ist unsere Aufmerksamkeit dann derart auf das Ärgernis (das kann ein Missgeschick genauso wie eine Beleidigung sein) und seine negativen Folgen fokussiert, dass wir nicht mehr zielorientiert oder sozial agieren können. Um derart blockiert zu sein, brauchen wir gar keinen missgünstigen Kollegen, der unseren Erfolg torpedieren will, sondern oft schaffen wir das auch ganz alleine.

Schlagfertigkeit ermöglicht es, sich vom Sog der Situation zu lösen

In dieser Hinsicht stellt Schlagfertigkeit also eine Art „Reorganisation“ unserer selbst dar. Wir treten – im übertragenen Sinn – einen Schritt zurück, distanzieren uns von dem Ärgernis, das uns aus dem Tritt gebracht hat, und orientieren uns neu auf unser ursprüngliches Ziel hin. Ähnliches macht man auch bei einer Wald-, Feld- und Wiesenwanderung. Wenn man sich über seinen Standort nicht sicher ist, dann sucht man sich einen erhöhten Aussichtspunkt und orientiert sich neu, um den Zielort zu bestimmen.

SCHLAGFERTIGKEIT ERMÖGLICHT UNS EINEN EBENENWECHSEL

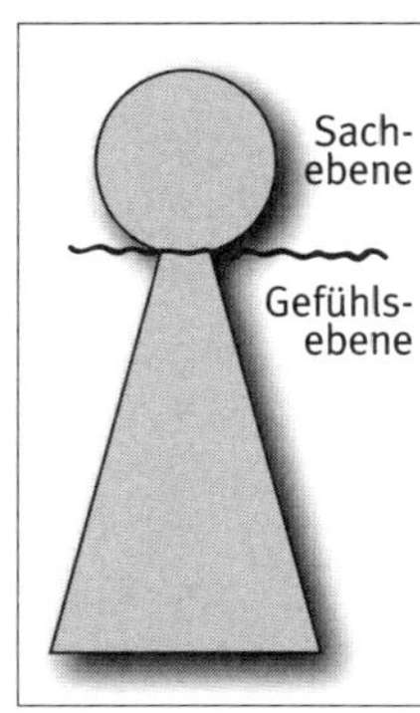

Das Erleben eines Ärgernisses stürzt uns in der Regel in ein mehr oder minder ausgeprägtes Gefühlschaos aus Scham, Wut, Entsetzen, Angst etc. Geschuldet ist das der Tatsache, dass wir Menschen stets auf zwei Ebenen zugleich leben, denken und handeln.

Stellen Sie sich vor, Sie müssen eine Aufgabe erledigen und haben keine Lust ... Auf der Sachebene wissen Sie, dass Sie diese Arbeit erledigen müssen und werden, aber gleichzeitig ist dies von negativen Gefühlen begleitet. Manche Aufgaben nehmen wir gerne in Angriff, andere weniger gerne, neue Aufgaben ängstigen uns oder wir freuen uns darauf. Es gibt eigentlich nichts, was keine Gefühle in uns auslöst.

In der Politik beispielsweise werden Schlagworte kreiert, um positive oder negative Gefühle auszulösen. Der Begriff „Stagnation“ etwa löst Beunruhigung und vielleicht sogar

Angst aus, also ersetzt man ihn durch den Begriff „Nullwachstum", denn „Wachstum" ist ein Begriff, der eher positiv belegt ist.

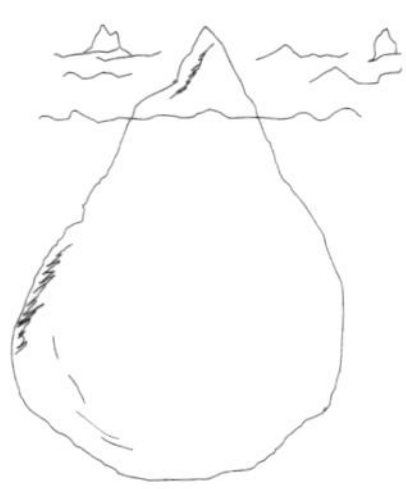

Gefühle haben eine wichtige Funktion in unserem Leben und beeinflussen unsere Denkfähigkeit. Je stärker die Gefühle in uns toben, desto mehr beeinträchtigen sie unsere Denkfähigkeit und Rationalität. Unter Einfluss eines positiven Gefühlsrausches z.B. schätzen wir Risiken falsch ein, bei negativen Gefühlen dagegen sind wir ängstlich, risikoscheu und oft wie gelähmt. Diese Tatsache wird in rhetorischen und kommunikationspsychologischen Zusammenhängen oft als „Eisbergprinzip" beschrieben. Etwa zu sechs Siebteln, so nimmt man an, ist der Mensch gefühlsgesteuert, ohne dass er dies bewusst zur Kenntnis nimmt.

Ein Ärgernis blockiert uns auf der Gefühlsebene

Im Falle eines Ärgernisses, das uns zustößt, rutschen wir oft infolge der ausgelösten Gefühle von der Sachebene auf die Gefühlsebene, die dann unser absichtsvolles Handeln blockiert. Schlagfertigkeit nun ermöglicht es uns, von dem Ärgernis und den Folgereaktionen Abstand zu gewinnen und damit von der Gefühlsebene wieder auf die Sachebene zurückzukehren, um Sachverhalte rational zu behandeln und zu beurteilen.

SCHLAGFERTIGKEIT ERMÖGLICHT ES, SICH WIEDER AUF ZIELE UND AUFGABEN ZU KONZENTRIEREN

Eine „Intervention", die uns die Rückkehr auf unseren eigentlichen Weg ermöglicht

Schlagfertigkeit ist also eine Art „Intervention", die uns die Rückkehr auf unseren eigentlichen Weg ermöglicht. Wenn wir nach der emotionalen Blockade durch ein Ärgernis mithilfe einer erfolgreich platzierten Schlagfertigkeit wieder denk- und arbeitsfähig geworden sind, können wir unsere Ziele weiterverfolgen und in der Sache argumentieren.

Bei allem Spaß, den eine schlagfertige Replik machen kann, gebe ich Ihnen daher eines zu bedenken:

> *SCHLAGFERTIGKEIT SOLLTE NIEMALS AUF EINEN REINEN SELBSTZWECK REDUZIERT, SONDERN IMMER VOR ALLEM FUNKTIONAL BETRACHTET WERDEN.*

3 „WAS ERLAUBT DER SICH!" – DER AGGRESSOR

So ärgerlich uns widerfahrende in der Situation liegende Missgeschicke auch sein können, noch stärker betroffen (und entsprechend blockiert) sind wir meistens dann, wenn das Ärgernis von einem Aggressor ausgeht, der uns unabsichtlich „quer" kommt oder – noch schlimmer – sogar absichtsvoll attackiert.

Was müssen Sie nun über einen oder „Ihren" Aggressor wissen, um seinen Attacken wirkungsvoll begegnen zu können? Jeder der in irgendeiner Form unfair agiert, hat Motive bzw. Gründe für sein Handeln. Aus dieser Motivlage heraus wird ein Mensch zu einem Aggressor.

Generell lassen sich drei Arten von Aggressoren oder Tätern unterscheiden:

Der Tollpatsch	Pannen	Missgeschicke
	unglückliche Bemerkungen	verunglückte Scherze
Der Wütende	Explosionen	Ausbrüche
	sehr emotional	kalte Wut
Der Jäger	geplante Aktionen	subtiles Vorgehen
	wirkungsvoll	zielführend

Drei Typen von Aggressoren, deren Handeln sehr unterschiedlich sein kann

Was kennzeichnet nun diese drei Täterkategorien und wie sollten Sie mit ihnen umgehen?

3.1 Der Tollpatsch

Der Tollpatsch trifft immer den falschen Ton

Wie Don Quichotte de la Mancha ist der Tollpatsch gewissermaßen ein „Ritter von der traurigen Gestalt". Er „landet oft daneben", weil er z.B. eine falsche Tonlage erwischt. Die friedlichste Bemerkung kann bei ihm, schrill und spitz ausgesprochen, wie eine Zickigkeit oder eine Waffe wirken. Der Tollpatsch erweckt einen falschen Eindruck, weil er das unpassende Wort wählt oder die falsche Bemerkung macht.

Das ist z.B. eine beliebte Verkäuferkrankheit. Das technisch völlig unbedarfte ältere Ehepaar verlangt im Autohaus ganz pragmatisch einen zuverlässigen und preisgünstigen Wagen, der sommers wie winters einwandfrei läuft und in der Pannenstatistik einen guten Platz belegt. Der technikbesessene Verkäufer antwortet: *„Oh, Sie wollen bestimmt einen differenzialgesteuerten Allradantrieb mit Planetengetriebe und vollständigem Drehzahlausgleich ...!"* Das ältere Ehepaar ist hier mindestens irritiert oder fühlt sich gar attackiert, weil es berechtigterweise erwartet, dass der Autoverkäufer seinen Vorstellungen als Kunde Aufmerksamkeit schenkt, stattdessen aber den eigenen Hightech-Interessen folgt. Noch besser die Variante: *„Ja, dann schauen wir doch mal, was wir denn da haben ..."* – Der Tollpatsch betont die falsche Stelle oder versucht witzig zu sein und kann so provokativ oder abschreckend wirken.

Tollpatsche sind auch die, die immer den Falschen erwischen, oder die es ihrerseits anstelle des Richtigen erwischt. Auch uns selbst können immer einmal wieder solche Missgeschicke unterlaufen.

In diese Kategorie (man könnte diesen Fall aber auch den Wütenden zuschlagen) möchte ich aber auch noch den Fall einordnen, bei dem das Motiv eines Aggressors darin besteht, durch eine vermeintliche Ungeschicklichkeit von etwas abzulenken, das ihm peinlich ist.

Den Tollpatsch behandeln Sie am besten mit Nachsicht

Genau betrachtet sind Tollpatsche Mitleid erregend und das sollte auch unseren Umgang mit ihnen prägen. Tollpatsche behandeln Sie daher am besten mit Nachsicht:

- Fragen Sie nach, wie Sie das verstehen sollen.
- Tun Sie so, als hätten Sie etwas nicht mitbekommen.
- Paraphrasieren Sie positiv: *„Meinten Sie ...?"*
- Hören Sie aktiv zu: Fragen Sie den Tollpatsch zur Entspannung der Situation wie es ihm geht, ob es ein harter Tag war ...
- Und: Lassen Sie dem Tollpatsch die Chance, sein Gesicht zu wahren.

3.2 Der Wütende

Nehmen wir an, Sie sitzen an der Erarbeitung eines wichtigen Sachverhalts und der Termin drängt. Doch schon den ganzen

Morgen geben sich die Leute die Klinke Ihrer Tür in die Hand, um Sie mit irgendwelchen total überflüssigen Banalitäten zu behelligen. Gerade geht wieder die Tür auf: *„Verdammt und zugenäht, kann man denn nicht mal fünf Minuten ungestört arbeiten?"* Ein Blick auf das entsetzte Gesicht Ihres Gegenübers und – schon schämen Sie sich für Ihr Verhalten, nicht? Ihrem Gegenüber – sofern es einen Hauch von Taktgefühl bewahrt hat – geht es nicht anders.

Heute entschuldigt sich – leider – kaum noch jemand für einen solchen Ausrutscher, aber reagieren Sie doch einmal als betroffenes Opfer mit einem: *„Heute war wohl ein stressiger Tag?"* oder einem: *„Oh weh, ich bin wohl die hundertfünfzigste Störung ... das tut mir leid für Sie."* Das erleichtert es dem Aggressor, sich indirekt zu entschuldigen: *„Ja, heute ist es wie verhext, morgen ist Frist und ich kann alle drei Minuten irgendwelche völlig banalen Fragen beantworten ..."*

Das ist eine indirekte Entschuldigung, die dem Opfer signalisieren soll, dass es nicht so gemeint war. Könnte hier Härte helfen? *„Ihren Stress brauchen Sie ja wohl nicht an mir auszulassen ...?"* Wohl eher nicht, der andere würde wohl eher trotzig reagieren und zurückblaffen. Schon wären Sie im schönsten Streit, der weder Sie noch Ihr Gegenüber dem eigenen Ziel näherbringt. Im Gegenteil, mit Druck erzeugen Sie in der Regel Gegendruck. Mit einer eher mitfühlenden Reaktion helfen Sie sowohl Ihrem Gegenüber als auch sich selbst. Sie bleiben beide entspannt und arbeitsfähig.

Der Wütende steht wegen irgendetwas unter Druck

Die Wütenden explodieren allerdings nicht ohne Grund, sondern irgendetwas hält oder setzt sie aktuell unter Druck. Diese Gründe können allerdings sehr unterschiedlich sein:

- Sie haben einen wunden Punkt berührt.
- Ihr Gegenüber will über etwas nicht sprechen.
- Ihr Gegenüber befindet sich in einer Zwickmühle.
- Ihr Gegenüber hat eine böse Erinnerung, die Sie (vielleicht völlig unabsichtlich) geweckt haben.
- Ihr Gegenüber hat schon eine Reihe übler Erlebnisse hinter sich.
- Ihr Gegenüber hat Ärger angesammelt.

Wütende bieten Ihnen ein ganzes Spektrum von Reaktionen: Von einem genervten *„Ja"*, einem Aufblitzen der Augen, Flüchen, Anfällen bis hin zu einem regelrechten cholerischen Ausbruch. Wütende ähneln einem Dampfkochtopf, der Druck ablassen muss. Sich bei einem Wütenden zu revanchieren, bedeutet meist, ihm noch mehr Druck zu machen und meist erzeugt Druck Gegendruck – wie schon gesagt.

In der Regel sind Sie nicht der Grund für den Ausfall Ihres Gegenübers

Hilfreicher im Umgang mit Wütenden ist eine andere Strategie, nämlich sachlich und ruhig zu bleiben. Das fällt Ihnen leichter, wenn Sie sich klarmachen, dass in der Regel weder Ihre Person, noch Ihr aktuelles Verhalten der Grund für den Ausfall Ihres Gegenübers sind. Je nachdem, was hinter der Explosion steht, ist der Wütende zunächst ohnehin nicht ansprechbar, sondern wirklich „blindwütig". In dieser Phase braucht er vor allem eines: emotionale Entlastung. Er muss sich austoben. Daher ist in dieser Phase Geduld wichtig. Sie müssen abwarten können, bis der andere Druck ablassen konnte.

Denken Sie an eine telefonische Beschwerdestelle. Wer sich dahin wendet, ist meist nicht mehr ruhig, sondern ganz im Gegenteil oft sehr ungehalten und agiert auch unfair. Die überwiegende Mehrheit der Beschwerdeführer muss sich erst überwinden, sich zu beschweren, das heißt, wenn sie zum Telefon greift, haben sich schon viele Emotionen angestaut. Beobachten Sie sich einmal selbst in einer solchen Situation. Geht es Ihnen nicht ähnlich?

Beschwerdeführer stehen im doppelten Sinn unter Druck. Weil sie sich über ein Produkt oder eine nicht fehlerfreie Leistung ärgern und weil sie sich meist auch noch überwinden mussten, um sich schließlich zu beschweren. Kein Wunder, dass sie geladen sind und schnell explodieren.

Dem Wütenden zunächst Gelegenheit geben, Dampf abzulassen

Der Ärger trifft dann den Mitarbeiter im Callcenter, der den Anruf des Wütenden zwar entgegennimmt, aber mit der Vorgeschichte ja im Grunde nichts zu tun hat. Der Mitarbeiter in der Beschwerdestelle sollte wissen: Solange dieser Ärger einen bestimmten Pegel (ähnlich einem Hochwasserpegel) übersteigt, ist der Beschwerdeführer rational nicht ansprechbar. Er will zuerst Dampf (oder besser Hormone) ablassen, und solange das so ist, ist er nicht zugänglich und jeder Versuch, ihm auch nur gut zuzureden hat eine ähnliche Wirkung wie der Versuch, ein Überdruckventil wieder schließen zu wollen, wenn der Druck zu groß ist. Also:

GEBEN SIE IHREM GEGENÜBER DIE GELEGENHEIT, DRUCK ABZULASSEN.

Darüber hinaus treiben den Explodierenden meist nicht nur ein, sondern zwei Motive an:

- Emotionales Motiv: Sie wollen ihrem Ärger Luft machen.
- Sachmotiv: Sie wollen etwas in der Sache erreichen.

Das emotionale Motiv habe ich hier übrigens zuerst genannt, weil es meist wichtiger ist als das Sachmotiv. Das kann aus der Sicht Dritter sogar zu paradoxen Reaktionen führen: Sie geben dem Beschwerdeführer eine Sachlösung und trotzdem ist er nicht zufrieden, weil Sie sein eigentlich wichtigeres Bedürfnis nach Aufmerksamkeit, Anteilnahme und Verständnis nicht gestillt haben.

Verständnis bringt Entgegenkommen

Erkenntnis: Wenn Sie einem Wütenden Verständnis schenken, wird er sich in vielen Fällen sogar für seine Beschwerde und all die Mühe, die er Ihnen gemacht hat, entschuldigen.

Normalerweise sind die Ausbrüche der Wütenden nicht auf ihr Gegenüber, also eine bestimmte Person gerichtet, sie treffen sie eher zufällig. Das ist wie bei einem Blitz, der schlägt ja auch zufällig ein. Es gibt aber Ausnahmen: Da haben Sie schon wieder das schmutzige Geschirr nicht in die Spülmaschine eingeräumt, sondern auf die Spülmaschine gestellt! Bei derartigen Begebenheiten können Sie davon ausgehen, dass die Explosion auf Sie ganz persönlich gerichtet ist.

Wenn Sie nun also wissen, dass in der Regel nicht Sie persönlich gemeint sind, müssen Sie sich dann noch persönlich angesprochen fühlen? Damit verringert sich doch die Gefahr, sich getroffen zu fühlen, und damit verringert sich auch Ihr Bedürfnis nach Rache, nicht? Das heißt, künftig können Sie konstruktiver mit derartigen Situationen umgehen.

Es ist sinnvoll, Grenzen zu ziehen

Doch Achtung: Es wäre falsch, alle Wütenden gleich zu behandeln, ihnen also hauptsächlich Gelegenheit zu geben, Dampf abzulassen. Gerade wenn z.B. Kinder oder Kandidaten, die sich um etwas drücken oder etwas durchsetzen wollen, punktuell explodieren, kann es sinnvoll sein, Grenzen zu ziehen. Solchen Durchsetzungsstrategien sollten Sie einen Riegel vorschieben.

3.3 Der Jäger

Der Jäger will Ihnen an den Kragen

Die dritte Kategorie sind Aggressoren, die andere mit voller Absicht aufs Korn nehmen. Jäger gehen oft subtil vor und häufig wählen sie Attacken, bei denen sie ihre Opfer herabwürdigen und kleinmachen. Das kann über Bemerkungen geschehen, aber auch über andere Strategien wie z.B. die Schaffung von Termindruck, Kritik an Arbeitsleistungen und Ähnliches mehr. Manche Chefs z.B. brauchen das, um sich in ihrem Status bestätigt zu fühlen. Antipathie kann ebenfalls ein Motiv sein („*Die hat irgendetwas, was mich dazu reizt*").

Jäger sind normalerweise cool und rational oder auch obsessiv. Wenn z.B., wie in der letzten Zeit gemeldet, Mädchengangs ein Opfer *„auf dem Kieker"* haben, dann beobachtet man oft ein regelrecht obsessives Verhalten.

Jäger haben oft kein Schuldbewusstsein

Jäger haben oft kein Schuldbewusstsein: Manchen fehlt es völlig, für andere spielt es keine Rolle (kann aber geweckt werden) und wieder andere fühlen sich zu ihrem Tun berechtigt, weil sie sich schlecht behandelt oder provoziert sehen (*„Der zwingt mich doch dazu", „Sie hat es doch drauf angelegt", „Das konnte ich doch nicht hinnehmen", „Ihr werdet schon sehen, was ihr davon habt"*) oder das Opfer als nicht dazugehörig betrachtet wird (*„Na ja, die gehört halt nicht dazu ..."*). Ein Jäger kann auch Freude an bestimmten Reaktionen oder Gefühlen haben, die er bei seiner „Beute" auslöst. In meiner Schulzeit z.B. gab es die „Heulsuse", die in Panik schrie, wenn man sie provozierte. Diese Panikattacken auszulösen wurde für manche zu einer Art Volkssport. Und häufig haben Jäger einen gewissen Dünkel und halten sich dem Opfer oder sogar ihrer gesamten Umgebung für überlegen. Das lassen sie auch gerne spüren.

Die Interessen von Jägern können auf
- bestimmte Personen,
- prinzipielle Machtausübung,
- bestimmte Reaktionen,
- das Schaffen bestimmter Personenkonstellationen,
- Kompensation subjektiv empfundener Nachteile,
- bloße Spielfreude, Jagdtrieb ...

gerichtet sein.

Einfühlungsvermögen hilft hier nur begrenzt weiter

Bei Jägern erreichen Sie nur begrenzt Wirkung mit Einfühlungsvermögen. Wenn z.B. kein Schuldbewusstsein zu wecken ist, dann hilft Ihnen Milde und „gut zureden" nichts. Hier ist es oft wichtiger, klar und unmissverständlich Grenzen zu ziehen oder unberechenbar zu wirken.

Jäger stellen die schwierigste Kategorie von Aggressoren dar:

JÄGER SOLLTEN SIE KLAR IN IHRE SCHRANKEN WEISEN.

Das Vorgehen gegen Jäger braucht Mut, Stehvermögen und Planung. Dazu müssen Sie zunächst sein Motiv und/oder seine typischen Handlungsmuster recherchieren. Das heißt, Sie müssen Ihren „Jäger" studieren. Auch wenn das sehr aufwändig klingt, haben Sie meist nicht nur einen späten, sondern auch einen sofortigen Nutzen davon, denn Sie verändern Ihre Perspektive in der Sache. Sie konzentrieren sich nicht mehr auf sich selbst und Ihre Gefühle („*Ich bin ja so verletzt ...*"), sondern Sie schlüpfen in die Haltung eines Wissenschaftlers, der gerade ein Experiment durchführt. Das verändert Ihre Einstellung zur Situation meist völlig. Studieren Sie aber nicht nur den Jäger selbst, sondern auch seine Umgebung:

Studieren Sie Ihren Jäger

- Wer zählt zu seiner Beute?
- Wie reagieren seine „Beutetiere"? Gibt es einen „gemeinsamen Nenner"?
- Wen meidet oder respektiert er? Was zeichnet diese Menschen aus?
- Welche Kommentare gibt er ab zu Personen oder Geschehnissen?
- Wie reagiert die Umgebung? Unterstützt sie ihn oder ...?

Haben Sie typische Verhaltens- und Denkmuster herausgefunden, können Sie sich Ihre Verteidigungsstrategie überlegen und aktiv werden. Notieren Sie typische Bemerkungen. Überlegen Sie sich gute Repliken oder für Sie untypische Verhaltensmuster. Legen Sie einen Fundus mit verschiedenen Bemerkungen und Handlungsvarianten an, um immer wieder neu agieren zu können.

Übrigens: Oft ist eine Verteidigung gar nicht mehr notwendig, wenn Sie mit Ihrer „Feldforschung" angefangen haben. Schon durch den damit verbundenen Perspektivwechsel hat sich etwas in Ihnen und damit in Ihrer Beziehung zum Jäger verändert. Schon aufgrund dessen fühlen Sie sich meist nicht mehr als Beute.

Schon der Wechsel der Perspektive ändert etwas an Ihrer Opferhaltung

Verlagerte Konflikte

Zum Jäger werden Menschen auch gerne, wenn sie Konflikte und Ressentiments austragen, aber nicht offen ansprechen wollen. Hierarchiekonflikte, Neid und Eifersucht sind solche Themen, die nicht direkt ausgetragen werden, aber trotzdem danach verlangen, „abreagiert" zu werden. Dann tragen wir den Konflikt auf einem anderen Feld aus, wir verlagern ihn. Besonders häufig ist, einen emotionalen Konflikt auf der Sachebene auszutragen.

Sie machen einen Vorschlag oder diskutieren einen Sachverhalt und Ihr „Gegner" torpediert das Unterfangen, um sich an Ihnen zu „rächen". Er bricht also eine Art Sachauseinandersetzung vom Zaun, um so einen Konflikt stellvertretend für sein eigentliches Anliegen oder Bedürfnis zu gewinnen. Das ist gefährlich, weil dies zu falschen Sachentscheidungen führen kann und – insbesondere, wenn der Konflikt von Ihnen gewonnen wird – weitere ähnliche Aktionen nach sich ziehen kann. Meist verstärkt sich das Verhalten Ihres Gegners noch, weil er ja nun schon doppelt verloren hat.

Erst wenn der Basiskonflikt gelöst ist, wird eine sachliche Zusammenarbeit wieder möglich

Verlagerte Konflikte funktionieren wie Kompensationen. Versuchen Sie in solchen Fällen, das dahinterliegende Motiv Ihres Gegners herauszuarbeiten. Erst wenn Sie den Basiskonflikt gelöst haben, werden Sie wieder sachlich zusammenarbeiten können.

Marionettenspieler erwarten (ganz) bestimmte Reaktionen

Werden Sie unberechenbar

Jäger ähneln Marionettenspielern: Sie ziehen an den Fäden ihrer Puppe und die reagiert, und zwar so, wie der Spieler es will. Jäger brauchen absehbare Reaktionen ihrer Opfer und zwar ganz bestimmte, vorhersehbare. *„Man kennt doch seine Pappenheimer!"* Eine Attacke ist also erst dann gelungen, wenn sie zu einer entsprechenden Opferreaktion geführt hat. Wenn Sie also Ihrem Aggressor das Spiel verderben wollen, reagieren Sie anders, als er es erwartet, werden Sie für ihn unberechenbar!

3.4 Der Aggressor und seine Beweggründe – jedem Aggressor die angemessene Reaktion

Es ist lohnend, schon präventiv tätig zu werden

Jeder Aggressor hat seine eigenen Motive, aus denen heraus er Übergriffe begeht. Diese Motive zu ergründen bedeutet zum einen, angemessen reagieren zu können, also Ihre Schlagfertigkeit zu entwickeln und einzusetzen. Doch – je nach Motiv – ist es auch lohnend, präventiv tätig zu werden. Viele Aggressoren haben z.B. defizitäre Motive. Sie attackieren ihre Opfer aus Angst, aus Eifersucht, aus Neid und ähnlichen Gründen. Wenn Sie friedlicher und entspannter leben wollen, dann lohnt es sich in solchen Fällen, nicht mit Schlagfertigkeit zu reagieren, sondern schon im Vorfeld aktiv zu werden.

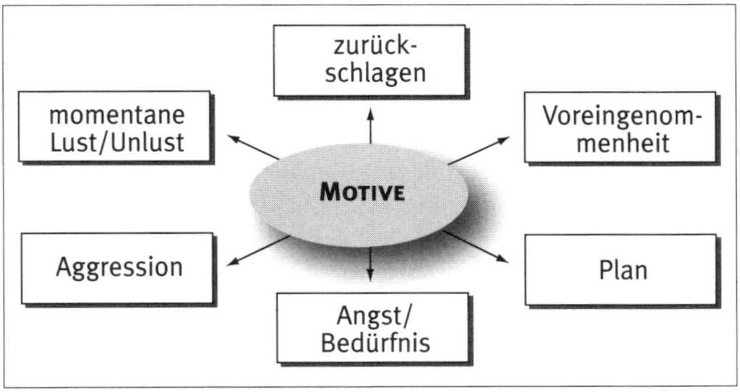

Jeder, der unfair agiert, hat Motive für sein Verhalten

Zurückschlagen

Vermeiden Sie unnötige Provokationen

Oft provozieren wir mit unserem Verhalten den Aggressor, ohne dass wir uns dessen bewusst sind. Kürzlich erhielt ich z.B. eine „Einladung" mit den Worten: *„Ich soll fragen, ob Sie zu XY mitwollen. Aber Sie müssen selber sehen, wie Sie hin- und zurückkommen ..."* Wie würden Sie auf eine solche Einladung reagieren? Empfindlich? Und dann beschwert sich der andere möglicherweise auch noch über Ihre Reaktion?

Ein kurzer Blick darauf, ob wir selbst Anteil an der Aggression des anderen haben, kann also nicht schaden, oder?

Momentane Lust- oder Unlustgefühle, Aggressionstriebe

Ziehen Sie eindeutige Grenzen

Disziplin, Selbstbeherrschung und Respekt sind Grundhaltungen und Grundfähigkeiten, die wir im Laufe unserer (gelungenen) Erziehung erwerben. Kinder lernen das nur, wenn sie Grenzen erfahren, manchmal auch unter Schmerzen. Wenn Sie daher auf solche Motive von Aggressionen stoßen, ist es wichtig, Grenzen zu ziehen. Zeigen Sie Ihrem Gegenüber, *„was eine Harke ist"*. Dann lernt er den Respekt vor Ihnen. Hier also sind klare, freundliche Grenzziehungen notwendig, aber man sollte auch generell spüren, dass Sie ein konsequenter Mensch sind.

Ängste, Defizitgefühle und Bedürfnisse

Haben Sie schon einmal mit etwas Aufmerksamkeit Polizei- bzw. Krimiserien verfolgt? Welche Funktion haben da in der Regel die Vorgesetzten? Das sind die unfähigen Deppen, nicht? Wirklich fähig und in der Sache richtig liegen da eigentlich doch immer die subalternen Ränge, die sich unter Gefahr für Leib und Karriere gegen diese durchsetzen müssen. In unserer Gesellschaft werden diese und ähnliche Grundhaltungen kultiviert. (Das ist übrigens kein Widerspruch zu der Aussage, dass viele Führungskräfte tatsächlich unfähig sind.)

Wenn aber eine Führungskraft unsicher ist oder Ihre Häme spürt, wie wird sie dann reagieren? Mit Ärger, Angst und Machtdemonstrationen! In diesem Zusammenhang ist auch ein Problem, dass die wenigsten noch Zuständigkeiten und Entscheidungsbereiche kennen und respektieren. Wenn Sie also aus Unkenntnis oder vielleicht sogar in voller Absicht solche Grenzverletzungen begehen, dann ist es klar, dass der andere seinen Bereich verteidigt. Ähnliches gilt, wenn Sie gute Leistungen gezeigt haben und ein anderer Sie beneidet, Angst hat, das Gefühl entwickelt, dass ihm die Felle wegschwimmen. Auch in Freundschaften kann das passieren. Hier sollten Sie ebenfalls an Ihren Eigenanteil denken.

Grenzverletzungen ziehen Revierverteidigungen nach sich

Achten Sie darauf, Grenzüberschreitungen zu vermeiden und falls sie notwendig sind, um Erlaubnis, Verständnis oder Entschuldigung zu bitten. Sonnen Sie sich nicht nur im Lob für Ihre Leistungen. Hat Sie ein anderer auf eine Idee gebracht? Dann sollte das eine Anerkennung wert sein. Roger Chapman hat das übrigens schön thematisiert in seinen fünf Sprachen der Liebe. Präventiv tätig werden, ein wenig auf die Bedürfnisse Ihrer Mitmenschen zu achten, kann Ihnen viel Leid ersparen. Und wenn es doch passiert ist, ist Ihnen sicherlich klar, harte Gegenangriffe sind hier eher unangebracht.

Voreingenommenheit

Voreingenommenheit ist heute auch eine weit verbreitete Gepflogenheit. Gerne stempeln wir Menschen in unserer Umgebung als besonders fähig oder besonders dumm ab. Damit geben wir uns selbst den Freibrief, die „Dummen" schlecht zu behandeln. Ihre Vorschläge werden abgeschmettert, abqualifiziert: *„Wieder so ein typischer …"* Wenn Ihnen so etwas passiert, hilft nur eines: Klarer sachlicher Widerstand. Die meisten

Setzen Sie klaren, sachlichen Widerstand

reagieren auf derartige „Feldzüge“ (von Attacken ist da nicht mehr zu reden) mit Aggressionen oder Rückzug. Aber Sachstrategien sind da in der Regel wesentlich wirkungsvoller (siehe Kap. 7). Ihr Gegenüber muss Ihre sachliche Qualifikation spüren und auch Grenzen. Günstig ist es da, sich unter Umständen Verbündete zu suchen, um Ihre Person und Ihre Vorschläge aufzuwerten.

Plan/Absicht

Hinter Attacken können natürlich auch dezidierte Pläne und Absichten stecken. Gerade die bleiben oft lange im Dunkeln, weil Sie einem Gegner so eine niedrige Einstellung und abgefeimte, gemeine Strategie nicht zutrauen. *„Wie kann jemand nur so gemein sein ...!“*

Absichtsvoll geplante Attacken genau dokumentieren

Pläne und Absichten brauchen eine genaue Dokumentation, da hilft nichts, sondern Feldforschung muss her. Das kann mit Aufzeichnungen, z.B. bei einem Mobbing, dahingehen, dass Sie aufschreiben: *„Um 11.15 Uhr – Akte XYZ liegt auf dem Schreibtisch, Toilette, 11.22 Uhr zurück – Akte XYZ liegt nicht mehr auf dem Schreibtisch.“* In solchen Fällen müssen Sie präventiv tätig werden und ein Sicherungssystem aufbauen, um Informationen einzuholen, Informationen zu streuen und weiterzugeben. Sie müssen im Zweifelsfall dokumentieren können, was Sie wann wie mit wem oder für wen getan haben. Im Rahmen der Qualitätssicherung z.B. findet Ähnliches statt. Können Sie das nicht und es kommt, wie bei Mobbing oft empfohlen, zu einer Aussprache, wird vieles von denen, die nicht betroffen sind, als „Hirngespinst“ abgetan, Sie werden als überempfindlich bezeichnet und es heißt, Sie nähmen die Dinge viel zu ernst. Hier helfen nur sachliche Strategien und Beweismittel. Und in der Bewertung heitere Schlagfertigkeiten.

Schlagfertigkeit hat also, je nachdem, um welchen Aggressor es geht, Grenzen und braucht immer eine komplementäre Strategie.

4 „WARUM IMMER ICH?“ – DAS ARME OPFER!

Was müssen Sie über das Opfer und seine Rolle wissen? Wann sind Sie denn eigentlich ein Opfer? Wenn Sie mit unfairen Attacken konfrontiert werden? Wenn Sie sich „getroffen“ fühlen? Was sind „unfaire“ Attacken? Eigentlich ganz einfache Fragen, nicht? Doch schon nach kurzem Nachdenken sind sie schon nicht mehr ganz so einfach zu beantworten. Und zunächst kommen wir zu einem unangenehmen Punkt: Sind Sie wirklich ein Opfer? Viele sind zwar Gegenstand oder Ziel einer Attacke, aber deswegen noch lange kein Opfer.

4.1 Ziel einer Attacke oder Opfer?

Zu einem Opfer gehört immer auch die Opferrolle

Sie fragen, was der Unterschied ist? Zu einem Opfer gehört eine Opferrolle. Diese Rolle können Sie annehmen oder nicht. Dahinter steckt immer eine Entscheidung der „Zielperson“ bzw. des „Betroffenen“. Wer sich als Opfer versteht, hat sich, so hart das klingen mag, immer auch entschieden, die angebotene (Opfer-)Rolle anzunehmen. Man kann diese Rolle aber auch verweigern. Und darin liegt die Wahlfreiheit, die Sie als Betroffener zu jedem Zeitpunkt haben.

Das Opfer und seine typischen Reaktionsmuster

Opfer reagieren normalerweise mit zwei typischen, stark emotional gefärbten Reaktionsmustern, je nachdem, wie sie disponiert sind:

- FLUCHT: Zu den Fluchtreaktionen gehören z.B. Entschuldigungen, nachgeben, abtauchen, ausweichen, also eher defensive Verhaltensweisen. Auch ein „unreflektiertes“ Entschuldigen der Handlungen eines Aggressors (wie man sie z.B. bei geschlagenen Frauen findet) gehört hierhin, so meine ich.
- AGGRESSION: Aggressionen dagegen sind alle Formen von Gegenangriffen: Brüllen, Gegenvorwürfe, spitze Bemerkungen, verbales Nachtreten, aber auch Drohgebärden bis hin zu körperlichen Übergriffen.

Wichtig ist, um aus der Opferrolle herauszukommen, diese Reaktionsmuster Stück für Stück abzubauen und sie durch eher verstandesgesteuerte und zielgerichtete Reaktionen zu ersetzen.

Opfer tragen Scheuklappen ...

Opfer tragen, bildlich gesprochen, Scheuklappen. Haben Sie schon einmal Ihre eigenen Gefühle, Reaktionen und Äußerungen daraufhin beobachtet? Opfer achten vor allem auf ihre Gefühle, sie fühlen sich verletzt, getroffen, missverstanden ... Sie kreisen – ähnlich wie die Planeten um die Sonne – um sich selbst. Die verletzenden Geschehnisse werden immer wieder in ihrem Ablauf beschrieben, in ihrem Innern läuft also ständig der gleiche Film.

Opfer kreisen immer um sich selbst

Oft werden die Ereignisse kommentiert: *„Das war so gemein!“* oder *„Kannst du dir vorstellen, dann hat er oder sie doch tatsächlich ...“* oder *„Ich weiß es ja, aber ich kann es einfach nicht glauben ..., so was macht man doch nicht!“* Die Umgebung wird nicht mehr differenziert, sondern nur noch als holzschnittartige Kulisse wahrgenommen: *„Keiner versteht mich!“* oder *„Man ist ja immer ganz allein, wenn es darauf ankommt!“*

Opfer nehmen ihre Umwelt nicht mehr differenziert wahr

Kein Wunder, dass Opfer sich hilflos fühlen, denn ihre Aufmerksamkeit kreist um die stets gleichen Punkte und die Perspektive ist stets die gleiche. Opfer klagen und jammern oder äußern überzogene Rachegelüste und erwarten mehr oder minder offen, dass die anderen etwas tun. Das ist übrigens keine Kritik, sondern eine schlichte Beschreibung. Doch wer stets nur in die gleiche Richtung schaut, sieht nicht die Tür, die sich im Rücken öffnet.

Übrigens: In das Kreisen und Brüten stecken Opfer sehr viel Energie, die sie durchaus auf andere Dinge richten könnten.

Die Opferrolle verlassen

Wenn Sie also merken, dass Sie sich getroffen oder unter Druck fühlen, sollten Sie Ihre Situation genauer unter die Lupe nehmen und unter anderem Ihre Perspektive ändern. Nicht alles, was Sie dabei herausfinden werden, wird Ihnen gefallen: Und den Eigenanteil an der aktuellen Situation zu erkennen und zu akzeptieren beschämt und schmerzt, aber nur wenn Sie „schonungslos“ alles unter die Lupe nehmen, kommen Sie aus der Opferrolle heraus.

Die Perspektive wechseln und schonungslos alles unter die Lupe nehmen

Das Opfer zu sein ist Gewinn bringend

Es ist riskant: Wenn Sie sich unter die Lupe nehmen, könnten Sie so manches Unangenehme entdecken, z.B. dass Sie wirklich etwas verschlampt, dass Sie jemanden tatsächlich falsch informiert oder dass Sie jemanden beleidigt haben. Vielleicht müssen Sie sich entschuldigen? Vielleicht müssen Sie Dinge und Verhalten ändern? Das ist sehr unangenehm und auch unbequem.

Alles beim Alten zu belassen ist bequemer, als die Dinge infrage zu stellen

Vielfach scheint es bequemer, sich weiterhin auf die Opferrolle zu beschränken. So können Sie erstens Ihr Selbstbild bewahren, sich zweitens um Ihre Mitverantwortung drücken und drittens bequem in Ihrem bisherigen Trott weitermachen. Auch, wenn es unangenehm ist, sich mit einer Opferrolle zu arrangieren, ist dies für viele, die die Energie zur Veränderung nicht aufbringen wollen oder können, durchaus Gewinn bringend. Und ist es nicht auch schön, bemitleidet zu werden? Getröstet zu werden? Im Fokus der Aufmerksamkeit zu stehen? Nein, Opferrollen können schon ziemlich Gewinn bringend sein.

Die (getroffene) Zielperson

Opfer sind Menschen in einer echten inneren Schieflage

Ich möchte noch einmal zum Ausgangspunkt zurückkommen: Opfer sind Menschen in einer echten inneren Schieflage. Zielpersonen dagegen mögen getroffen sein, aber grundsätzlich ist ihr Welt- und Selbstbild in Ordnung. Statt zu grübeln und immer wieder den gleichen inneren Film abzuspulen, beschäftigen sie sich konstruktiv mit der Frage: *„Was kann ich in dieser Situation konkret tun?"*

Ihnen geht es um eine Problemlösung, die immer dann notwendig wird, wenn wir mit einer Situation konfrontiert werden, mit der wir nicht adäquat umgehen können. Das kann ein Vorwurf sein, eine Beleidigung, ein unvermittelter Themenwechsel, eine unpassende Reaktion (Brüskierung), aber auch ein innerer Vorgang. Getroffene Zielpersonen suchen meist eine Lösung für ihre zunächst auftretenden typischen Opferreaktionen, die jeder bei einer (unangenehmen) Überraschung gewissermaßen automatisch erlebt.

Für Sie bedeutet das, dass Sie sich zwischen beiden Rollen entscheiden können.

4.2 Strategien, Verfahren und Techniken, um die Opferrolle zu verlassen

Wie aber kommen Sie nun konkret aus der Opferrolle heraus? Vermutlich ist es schon deutlich geworden. Es gibt da eine Menge Fallen, in denen wir uns als Opfer verstricken können. Welche Fallen lauern da, wie erkenne ich sie und wie umgehe ich sie, bzw. wie komme ich wieder heraus, wenn ich erst einmal in der Falle sitze?

Fallgrube: Interpretationsmechanismen

Um die Wirksamkeit von Interpretationsmechanismen zu demonstrieren, wählte der bekannte Kommunikationswissenschaftler Paul Watzlawick folgendes, berühmtes Beispiel.

Stellen Sie sich diese beiden Damen auf einer Party vor. Die eine sagt zur anderen:

Wie würden Sie auf diese Bemerkung reagieren?

1. *„Na, was glauben Sie denn!“*
2. *„Sie unterstellen nicht im Ernst, dass ich falsche trage ...“*
3. *„Selbstverständlich!“*
4. *„Ja, sie sind sehr schön, nicht?“*
5. *„Gefallen sie Ihnen?“*

Die meisten Befragten überlegen sich tatsächlich eine gepfefferte Reaktion, wenn auch nicht alle. Doch ist es Ihnen aufgefallen? Der Satz hat keine Interpunktion, weder ein Ausrufe- noch ein Fragezeichen, auch keinen Punkt. Somit lässt sich eine Betonung, eine Sprachmelodie nicht bestimmen. Aber genau darüber gibt uns ein Sprecher Hinweise, wie seine Worte gemeint sind. In dem Moment, in dem wir uns hier für eine Antwortvariante entscheiden, kreieren wir die Aussage unseres Gegenübers. Wir, die wir diesen Satz lesen, sind sozusagen die Regisseure dieser Szene, die sich ja nur in unserem Kopf abspielt. Kurz und gut: Wir interpretieren etwas hinein.

Die Bedeutung von Worten entsteht immer auch im Kopf des Empfängers

Haben Sie sich z.B. für Antwortvariante 1 oder 2, möglichst noch in einem empörten Ton, entschieden? Dann haben Sie

Ihrem Gegenüber eine Gemeinheit unterstellt, sich vielleicht einen herablassenden Tonfall, einen skeptischen Blick vorgestellt. War Antwort 4 Ihre Wahl, dann haben Sie aus der Aussage Gutes, nämlich Anerkennung für die Perlen, herausgehört. Das sind die beiden Extremvarianten, zwischen denen viele hin- und herschwanken.

> ***STRATEGIE 1:*** *NUTZEN SIE DIE ERKENNTNISSE DER KOMMUNIKATIONSPSYCHOLOGIE UND INTERPRETIEREN SIE UM: POSITIV IN IHREM SINNE.*

Fallgrube: Sich selbst zum Opfer stilisieren

Viele konstruieren Übergriffe und Attacken, die nichts mit den Realitäten zu tun haben

Was bedeutet das für Sie? Eine Erkenntnis: Tatsächlich sind viele Opfer immer auch Täter. Sie konstruieren Übergriffe und Attacken, die nichts mit den Realitäten zu tun haben. Ich weiß, das klingt nicht nett, aber leider ist es so.

Eine Aufgabe rund um die Schlagfertigkeit ist also herauszufiltern, ob und wann ich als Zielperson tatsächlich ein Opfer bin. Ich sollte nicht Angriffe sehen, wo keine sind. Woran können Sie das nun erkennen?

- *„Aber das habe ich doch gar nicht so gemeint ...“*
- *„Aber das habe ich doch gar nicht gesagt ...“*
- *„Warum unterstellst du mir so etwas ...“*

Wer öfter solche oder ähnliche Bemerkungen zu hören bekommt, könnte dies als Indikator dafür sehen, dass er dazu neigt, sich als Opfer zu verstehen.

Wichtig ist, dass solche Bemerkungen und Hinweise von verschiedenen, voneinander unabhängigen Seiten kommen. Werden solche Vorwürfe immer nur von ein und derselben Person oder ein und derselben Gruppe geäußert, können auch gruppendynamische oder persönliche Ursachen vorliegen.

DREI VORGÄNGE AUSEINANDERHALTEN

Wir handeln nicht aufgrund unserer Wahrnehmung, sondern aufgrund deren Interpretation

Was ist in den Fällen zu tun, in denen Sie tatsächlich „Mitschuld“ tragen? – Die meisten sind sich nicht bewusst, dass wir bei jeder Kommunikation (auch der schriftlichen ...) immer dreierlei praktizieren: Erstens nehmen wir etwas wahr. Zweitens interpretieren wir, wie es gemeint sein könnte, und drittens reagieren wir – aber nicht auf die Wahrnehmung, sondern auf unsere Interpretation.

Wenn ich z.B. sehe, wie Sie die Stirn runzeln, dann kann ich – wenn ich ehrlich bin – noch gar nicht sagen, warum Sie Ihr Gesicht in Falten legen. Denken Sie nach? Haben Sie Zweifel? Sind Sie verärgert? Das Günstigste wäre also, einfach nachzufragen: *„Warum runzelst du die Stirn?“* Doch meist läuft es anders: *„Du glaubst mir nicht!“ „Was gefällt dir nicht?“*, unterstellen wir. Wir reagieren also auf unsere Interpretation.

Für Ihre Praxis bedeutet das:
1. Beobachten Sie.
2. Fragen Sie explizit nach, wie der andere etwas meint oder wie Sie seine Reaktion interpretieren sollen.
3. Reagieren Sie nur auf das, was er „meint“, nicht auf Ihre Interpretation. (Die wäre eine Unterstellung, nicht?)

Sie werden feststellen, dass Sie tatsächlich viel entspannter durch das Leben gehen, wenn Sie dies praktizieren. Und Sie werden vermutlich auch feststellen, dass ein Großteil der vermeintlichen Übergriffe, über die wir uns beschweren, tatsächlich keine sind. Wir selbst haben sie oft konstruiert.

> ***STRATEGIE 2:*** *KONSTRUIEREN SIE KEINE ÜBERGRIFFE, WO KEINE SIND. TRENNEN SIE SACHE ODER ÄUSSERUNG VON IHRER INTERPRETATION UND FRAGEN SIE NACH, BEVOR SIE INTERPRETIEREN!*

Fallgrube: Die Bewertungen anderer übernehmen

„Hast du gar nicht gemerkt, dass der dich angegriffen hat?“ Haben Sie solch eine Bemerkung auch schon einmal gehört? Dann sind wir bei einem anderen Punkt, der der Rede wert ist.

Sie können sich als Opfer fühlen – das ist rein subjektiv. Sie können aber auch von außen objektiv als Opfer gesehen werden. Es gibt immer zwei Perspektiven, aber es gibt nur eine Person, die entscheidet, ob Sie ein Opfer sind. Sie! Erst wenn Sie eine Opferrolle annehmen, sind Sie auch wirklich eines. Dieses Bewusstsein ist wichtig, um Ihre Handlungsfähigkeit zu erhalten. Insbesondere wenn Ihnen etwas „Blödes“ passiert.

Allein Sie entscheiden, ob Sie ein Opfer sind

Ein schönes Beispiel findet sich dazu bei Harry Potter. Da beschimpft der ewige Widersacher Harrys, Draco Malfoy, dessen Freundin Hermine Granger zum ersten Mal als „Schlammblut“ (ein beleidigender Ausdruck für jemand, der nicht von Magiern abstammt). Alle bis auf Harry Potter und Hermine sind entsetzt. Die beiden können die Tragweite der Beleidigung aber gar nicht erkennen, weil sie mit dem dahinterstehenden Wertekanon nicht aufgewachsen sind. Dementsprechend hat Hermine mehr Möglichkeiten, ihre Reaktion frei zu wählen. Sie reagiert nicht wie auf Bestellung mit einer Gegenaggression oder einem Trübseligkeitsanfall, sondern bleibt unberührt.

Fazit: Entscheiden Sie sich ruhig einmal öfter gegen ein Ihnen angetragenes Rollenangebot. Selbst wenn andere Angriffe wittern, müssen Sie das nicht ebenfalls so sehen. Sie sind Ihr eigener Souverän und nehmen dem Aggressor durch Ihre Nichtbeachtung zudem den Wind aus den Segeln.

STRATEGIE 3: *ENTSCHEIDEN SIE SELBST. LASSEN SIE SICH NICHT BEEINFLUSSEN. SCHLAGFERTIGKEIT KENNT NUR EINEN SCHIEDSRICHTER: SIE!*

Fallgrube: Machen Sie aus einer Mücke keinen Elefanten

Eine alltägliche Panne wird erst zum Drama, wenn wir eines daraus machen

Vor allem aber machen Sie aus einer Mücke keinen Elefanten. Eine Panne, wie sie uns allen tagtäglich passieren kann, ist erst dann ein Drama, wenn wir eines daraus machen. Nur einige von uns betrachten es als Kennzeichen persönlicher Unfähigkeit, wenn andere sehen, dass uns einmal etwas aus der Hand fällt oder wir ins Stottern kommen.

Kommen Sie also wieder auf den Boden der Tatsachen zurück und überlegen Sie in der nächsten „schwierigen“ Situation, was denn da nun wirklich Gravierendes passiert ist. Ist der Vorfall wirklich der Rede wert?

Eines meiner erfolgreichsten Trainings begann z.B. damit, dass ich mich neben statt auf einen Stuhl setzte. Ich habe selten in einem Training so viel gelacht wie in diesen zwei Tagen und was mich am meisten beeindruckte, war zu erleben, wie sich solch eine Panne souverän bewältigen und später sogar noch nutzen ließ.

STRATEGIE 4: *DRAMATISIEREN SIE GESCHEHNISSE NICHT. HAKEN SIE SIE AB. KONZENTRIEREN SIE SICH AUF ETWAS ANDERES.*

Fallgrube: Störungen sind Einladungen und die kann man annehmen oder ablehnen

Einen Großteil der vermeintlichen Attacken oder Peinlichkeiten können Sie wirklich mit einer heiteren Bemerkung, einem Achselzucken, einem Mitlachen und dann einem konsequenten: *„Weiter in der Sache"* in den Griff bekommen.

Anders sieht es in vielen Fällen aus, wenn Sie es mit Attacken und Grenzverletzungen zu tun bekommen. Eine einmalige Attacke können Sie noch ignorieren, doch wenn es sich um absichtsvolle und fortgesetzte Aktionen handelt, sollten Sie der Situation entsprechend reagieren.

Ignorieren funktioniert als Basisstrategie gut, weil sie kein Zeichen von Schwäche ist. Sie wird nur dann zur Schwäche, wenn Sie eine Attacke, dumme Bemerkung oder Ähnliches ignorieren, weil Sie nicht anders *können*. Ignorieren als Strategie bedeutet, sich dafür zu entscheiden, eine Reaktion auf die Störung zu unterlassen, weil man sich nicht ablenken lassen will. Störungen sind Einladungen zu einer Ablenkung. Einladungen aber können Sie annehmen oder ablehnen. Seltsam, dass wir die Einladungen in Form von Störungen und Attacken so gerne annehmen und uns auf Umwege locken lassen.

Eine Störung zu ignorieren bedeutet die bewusste Entscheidung, sich nicht ablenken zu lassen

Doch bevor Sie die nächste Einladung annehmen, also auf die nächste Störung oder Ablenkung einsteigen, sollten Sie sich ernsthaft fragen, ob Sie wirklich reagieren *müssen*.

Eine Reaktion ist dann sinnvoll, wenn sie Sie Ihrem Ziel näher bringt. Ist das nicht der Fall, ist es besser, bei seinem roten Faden zu bleiben, am Thema, der Sache oder dem Weg ...

***STRATEGIE 5:** KONZENTRIEREN SIE SICH AUF IHR ZIEL. LASSEN SIE SICH VON NICHTS DAVON ABBRINGEN.*

Fallgrube: Unsinnig und ziellos reagieren

Reagieren Sie also nur, wenn Sie dadurch Ihrem Ziel näher kommen können. Aber wo liegen die Grenzen? Wann ist eine Reaktion notwendig? Immer dann, wenn Sie aufgrund von Störungen in Ihrer Sache nicht weiterkommen, ist Handeln angesagt. Sinnvoll ist eine Reaktion also dann, wenn jemand

Wenn Störungen Sie an der Zielverfolgung hindern, sollten Sie darauf eingehen

- fortgesetzt Ihre Gesprächsbeiträge stört,
- Ihre Kompetenz infrage stellt,
- Ihre Unparteilichkeit infrage stellt,

- Sie mehrfach persönlich angreift,
- Ihre Vorschläge pauschal abqualifiziert ...

In solchen Fällen sind Reaktionen sinnvoll, weil hier Ihre Möglichkeiten systematisch beschnitten werden und Sie Ihre Ziele nicht mehr erreichen können. Hier gilt es also, die Störung zu beseitigen, um in der Sache voranzukommen.

STRATEGIE 6: *BESEITIGEN SIE STÖRUNGEN DANN, WENN SIE SIE VON IHREN ZIELEN ABHALTEN. ABER: IM ANSCHLUSS UNVERZÜGLICH WIEDER AUF DAS ZIEL ZUSTEUERN.*

Fallgrube: Als Marionette reagieren

Haben Sie die Tests in Kapitel 1 durchgeführt? Dann wissen Sie jetzt vielleicht, ob Sie zu einem bestimmten Reaktionsmuster neigen. Jeder Mensch kennt die Reaktionsmuster der Menschen in seiner Umwelt mehr oder minder gut. Wir lernen schnell, wie wir unsere Mitmenschen auf die Palme bringen.

Wer seine wunden Punkte kennt, macht sich weniger manipulierbar

Der eigenen wunden Punkte sind wir uns in der Regel dagegen nicht so bewusst. Wir sollten sie aber kennen, um nicht zur Marionette unserer Mitmenschen zu werden, sondern wirklich souverän agieren zu können. Deswegen lohnen sich die Tests. Neigen Sie dazu, aggressiv zu werden, sind Sie eher defensiv und geben Sie im Zweifelsfalle nach? Sind Sie der Typ, der eher paralysiert ist und vor Schreck erstarrt?

Sich zu kennen ist der erste Schritt, um das eigene Verhalten zu ändern. Brechen Sie – Stück für Stück – aus Ihren eigenen Reaktionsmustern aus, dann kann Ihr Kontrahent Sie nicht länger wie eine Marionette traktieren: Er zieht, um Sie vielleicht zu einer Geste der Abbitte zu bewegen, und Sie reagieren nicht oder reagieren anders als erwartet.

STRATEGIE 7: *DIAGNOSTIZIEREN SIE IHRE WUNDEN PUNKTE, DAMIT SIE NICHT LÄNGER DIE MARIONETTE SPIELEN.*

Fallgrube: Gegen sich selbst kämpfen

Wenn Sie die Tests durchgeführt haben, dann ist Ihnen vielleicht bewusst geworden, dass sich bei Ihnen als Opfer von Übergriffen, aber auch in peinlichen oder unangenehmen Situationen, typische Schock- und Stressreaktionen einstellen:

- Zittern
- Wärme- oder Kältegefühle
- Rot werden
- Bewegungsdrang oder Starre
- Erhöhte Atemfrequenz
- Erhöhter Puls
- Blackouts
- ...

Diese Reaktionen zeigen, dass in Ihnen ein altes Überlebenssicherungsprogramm angelaufen ist. Vera Birkenbihl nennt es „sozio-biologisches Alarmprogramm“. In grauer Vorzeit, als unsere Vorfahren noch nicht über unseren heutigen Intellekt verfügten, übernahm dieses Instinktprogramm die Verhaltenssteuerung. Wenn sich ihnen z.B. ein Säbelzahntiger näherte, halfen in der Regel nur Angriff oder Flucht. Für beide Reaktionen mussten wir körperlich hochleistungsfähig sein. Blitzschnelle Reaktionsfähigkeit, Ausdauer und Schmerzunempfindlichkeit waren wichtiger als bewusste Situationsanalyse und strategisches Denken.

Heute reagieren wir auf Gefahren in der Regel nicht mehr allein mit physischen Reaktionen wie Angriff oder Flucht, aber immer noch ist die erste Reaktion bei der Wahrnehmung einer Gefahr eine „Schrecksekunde“, während derer unser Körper auf Angriff oder Abwehr vorbereitet wird und das Denken blockiert ist: Der Blutdruck steigt, Adrenalin wird ausgeschüttet. Erst Zeit und Bewegung bauen diesen Stresspegel wieder ab und die eigentlichen bewussten Gefahrenreaktionen folgen. Erst allmählich setzt die Denkfähigkeit wieder ein und wir werden oft auch ausgesprochen müde. Eine Folge der Stressreaktionen. Der Körper, aber auch das Gehirn müssen wieder auftanken.

Aber Schock bedeutet ja auch das, was Sie unter anderen Umständen als „Schockreaktion“ oder „Schrecksekunde“ kennen. Machen Sie genau das zu Ihrem Verbündeten. Gerade wenn ein Kontrahent auf Ihre Reaktion wartet, dann hat er nichts von seiner Attacke, wenn Sie nicht reagieren. Er muss also auf Sie warten. Also genießen Sie Ihre Schrecksekunde und lassen Sie den anderen schmoren! Bevor Sie sich unter Schock falsch verhalten, legen Sie eine Pause ein und agieren Sie anschließend bewusst langsam und gelassen, sodass Ihr Verstand wieder einsetzen kann.

Genießen Sie Ihre Schrecksekunde und lassen Sie den anderen schmoren

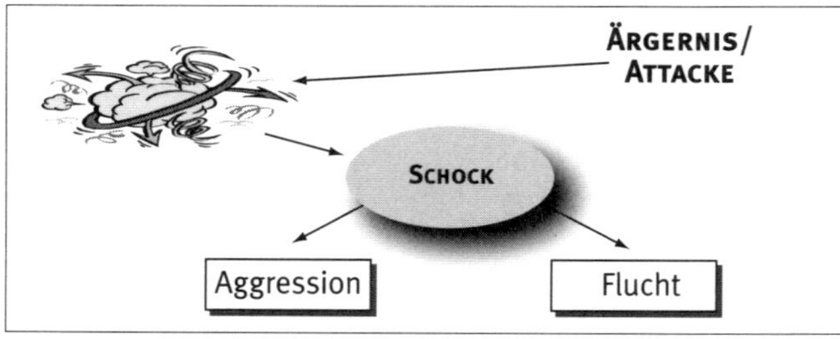

Der durch eine Attacke ausgelöste Schock wird meist als Sprachlosigkeit erlebt

> ***STRATEGIE 8:** MACHEN SIE IHREN „FEIND" ZU IHREM VERBÜNDETEN, REAGIEREN SIE LANGSAM, MACHEN SIE EINE PAUSE, BEVOR SIE ÜBERHAUPT ETWAS TUN, UND REAGIEREN SIE DANN AUCH NOCH LANGSAM. KURZ: WÄHLEN SIE IHR EIGENES TEMPO!*

Fallgrube: Das sozio-biologische Alarmprogramm einfach weiter wirken lassen oder sogar noch verstärken

Die Wirkung des Instinktprogrammes allmählich schwächen

Unser Instinktprogramm springt leider nicht nur im Falle realer Gefahren an, sondern schon, wenn wir Negatives auch nur erwarten. Also, schon wenn wir eine negative Situation im Geiste erleben oder böse Vorahnungen haben, kann es greifen und unsere Denkfähigkeit lahmlegen. Das Programm lässt sich zwar nicht abschalten, aber man kann seine Wirkung langsam und allmählich schwächen. Sie bzw. Ihr Körper und Ihr Geist müssen lernen, dass Attacken nicht lebensbedrohlich sind. Gegen dieses Programm hilft:

- Üben, üben, üben
- Langsam sein/reagieren
- Eine Pause einlegen
- Innere Filme stoppen
- Realistische Erwartungen hegen
- Sich auf absehbare Situationen vorbereiten
- Seine Einstellung ändern
- Sich bewusst entspannen
- Wissen

Wissen eignen Sie sich ja beispielsweise schon mit der Lektüre dieses Buches an, aber nehmen Sie auch jede Gelegenheit zum Üben wahr. Das können Seminare und Trainings sein.

Aber auch Gelegenheiten zu öffentlichen Reden, öffentlich Fragen zu stellen und Ähnliches mehr, bieten sich hier an. Je mehr Sie gewohnt sind, in verschiedensten Situationen aufzutreten, desto entspannter sind Sie (Routine) und desto schwerer sind Sie aus dem Gleichgewicht zu bringen.

Stoppen Sie aber auch negative innere Filme, sowohl die von vergangenen als auch solche von zukünftigen Ereignissen, in denen Sie sich vielleicht ausmalen, was alles schiefgehen kann. Auf Standardsituationen und übliche Pannen oder Missgeschicke kann man sich gut vorbereiten und sich eine nette Formulierung oder Reaktion zurechtlegen. Seien Sie mit Ihren Anforderungen an sich selbst realistisch. Wer starke Schockreaktionen mit Totalausfällen zeigt, wird kaum von einer auf die andere Minute „reaktionsfrei" sein. Geben Sie sich Zeit, verzeihen Sie sich, auch wenn es nicht mustergültig gelaufen ist. Loben Sie sich, auch bei kleinen Erfolgen.

STRATEGIE 9: *SEIEN SIE FLEISSIG UND GEDULDIG MIT SICH SELBST.*

Fallgrube: Auge um Auge, Zahn um Zahn schwören

Wenn man Sie getroffen hat, sei es durch eine Beleidigung, eine dumme Bemerkung oder auch nur durch eine Unterlassung, brodelt es oft im Nachgang. Wir sehen – das war ja vielleicht auch die Erkenntnis in den Tests – die Begebenheit immer wieder vor dem inneren Auge ablaufen. Wir suchen nach einem Schuldigen, denn wo ein Opfer ist, muss es ja schließlich auch einen Täter geben!

Zu den typischen Opferreaktionen gehört also das Streben nach Rache oder Revanche, das wir ja schon aus der Bibel kennen. Das unablässige Brüten und Kreisen um den wunden Punkt, das zu den typischen Spätfolgen einer Verletzung gehört, ist ein „Feuerungsmechanismus" für dieses Rachestreben und gar nicht gut für Sie. Mit dem Sinnen nach Rache und Revanche „machen" Sie sich selbst Stress und der fördert das sozio-biologische Alarmprogramm. Das schadet Ihrer Reaktionsfähigkeit. Außerdem lenkt es Sie von Ihren Zielen ab.

Die ausschließliche Fokussierung auf Rache blockiert und hindert Sie, Chancen wahrzunehmen

STRATEGIE 10: *VERZICHTEN SIE AUF RACHE UND KONZENTRIEREN SIE SICH AUF IHRE ZIELE UND VORTEILE!*

Fallgrube: Nicht auf die innere Balance achten

Wer innerlich ausgeglichen ist, ist weniger empfindlich

Aggressoren profitieren von unserer Unausgeglichenheit. Aber auch in Situationen, bei denen es leicht zu Missverständnissen kommen kann, wirken sich hohe Belastungen (wie Termindruck, Überanstrengung, Fehlerhäufigkeit ...) negativ aus, sie machen uns dünnhäutig und empfindlich. Oft stellt sich in solchen Situationen das Gefühl ein, unzulänglich zu sein. Kein Wunder, dass wir angesichts dessen (ein überkritisches Selbstbild lässt grüßen) empfindlich reagieren und gerne Kritik und Vorwürfe hören, wo keine sind.

Aus diesem Grund gilt es, auf die eigene Belastung zu achten. In der Regel haben die anderen, aber auch wir, nicht lange etwas davon, wenn wir uns übernehmen und dann hyperaggressiv oder hyperempfindlich werden.

> ***STRATEGIE 11:*** *DOSIEREN SIE IHRE BELASTUNG, REDUZIEREN SIE STRESS UND TUN SIE SICH BEWUSST ETWAS GUTES. ACHTEN SIE MEHR AUF DAS, WAS SIE GELEISTET HABEN, UND WENIGER AUF DAS, WAS SIE NOCH SCHAFFEN MÜSSTEN.*

Fallgrube: Sich in Schmollecken zurückziehen und den Trotzkopf spielen

Ein Verharren in der Schmollecke verstellt konstruktive Handlungsmöglichkeiten

Eine weitere Gefahr für schlagfertiges Handeln sind unsere negativen Gefühle. Jammern und Aggressionen schaffen sich in der Regel ein Ventil, gefährlicher sind Trotz, beleidigt sein und schmollen. Da stellen wir uns selbst in eine Ecke und kommen dann einfach nicht wieder heraus. Wir glauben, unser Gesicht zu verlieren, und selbst wenn sich der andere entschuldigt hat, können wir oft nicht auf ihn zugehen. Was hilft da?

Nun, meist braucht es etwas Zeit, bis solche Gefühle abklingen. Diese Zeit sollten Sie sich gönnen. Und dann gibt es ja Gründe, warum Sie solche Gefühle hegen. Schritt eins ist da, diese Gründe zu benennen. Da sind wir schon wieder bei dem Thema „wunde Punkte“. In dem Moment, wo Sie selbst wissen, was mit Ihnen los ist, können Sie sich Ihren „kindischen“ Trotz auch erlauben. Wieder ein Stressfaktor weniger.

Und dann – wenn Sie sehr mutig sind und das Gegenüber es Ihnen wert ist – können Sie dies auch formulieren. Entschuldigungen müssen Sie ja nicht sofort annehmen. Eine Entschuldigung, die Sie jetzt und hier noch nicht akzeptieren können, deren Annahme dürfen Sie auf später verschieben. Diesen Sachverhalt sollten Sie dann ruhig erklären: *„Ich bin sehr verletzt ... und aus diesem Grunde kann ich Ihre Entschuldigung zum gegenwärtigen Zeitpunkt noch nicht annehmen ..., aber ich ...“* Jeder normale und mitfühlende Mensch hat das zu akzeptieren. Eine Entschuldigung ist erst vollzogen, wenn sie angenommen, nicht wenn sie ausgesprochen wurde. Das bedeutet übrigens auch, einen rationalen Umgang mit den eigenen Gefühlen zu pflegen.

> ***STRATEGIE 12:*** *BILLIGEN SIE SICH GEFÜHLE ZU UND „RATIONALISIEREN“ SIE DIESE. DANN KOMMEN SIE AUCH MIT STIL AUS SCHMOLLECKEN HERAUS.*

Fallgrube: Grenzen nicht erkennen und akzeptieren

Eines der großen Probleme nicht nur privat, sondern auch im Beruf ist das Erkennen von Grenzen. Oft reiben wir uns als Opfer an etwas, meist dem Verhalten eines Partners oder Kollegen. Jeder Mensch hat das Recht, seine eigenen Wege zu gehen und auch seinen eigenen Lebensstil zu pflegen. Es steht uns üblicherweise nicht zu, den anderen zu erziehen, schließlich wollen wir ja auch nicht erzogen werden. Ratschläge sind da auch zu nennen. Wann haben Sie das letzte Mal einen gegeben? War das mit dem Anspruch, dass er bitte auch umgesetzt werden möge? Oder war es wirklich als Tipp gedacht, den der andere behandeln möge, wie er es für richtig hält?

Wo liegt die Grenze, einen Sachverhalt oder ein Verhalten zu akzeptieren oder nicht?

Wo also liegt die Grenze? In der Arbeit definitiv da, wo etwas funktional begründbar ist. Eine Ablage für die Abteilung kann nicht nach persönlichem Gusto und/oder als Geheimsache gepflegt werden, sondern muss einem Ordnungsprinzip gehorchen, das für alle nachvollziehbar, nutzbar und umsetzbar ist.

Im Privatleben ist das schon schwieriger. Wenn der Partner die sprichwörtliche Zahnpastatube nicht zudreht, legen Sie sich eine eigene zu. Prüfen Sie, wenn Sie eine Wohnung oder ein Haus beziehen, ob zwei Badezimmer sinnvoll sein könnten. Kurz: Schalten Sie Störquellen aus, wenn das möglich ist, und verringern Sie so Ihre persönliche Belastung.

In allen anderen Punkten müssen Sie prüfen, ob etwas wirklich Ihre Bereiche betrifft. Das Aufräumen der Kinderzimmer ist z.B. so ein Fall. Wann sind Ihre Kinder in einem Alter, in dem sie selbst dafür verantwortlich sind? Wo sind gemeinsame Regelungen unerlässlich? Wenn sich keine einvernehmliche Regelung erzielen lässt und Sie das Ganze wahnsinnig macht, müssen Sie aber unter Umständen auch bittere Konsequenzen ergreifen.

Ein wirklich hilfreiches Instrument für solche und ähnliche Fälle ist der Anti-Ärger-Dialog, den ich von einem „Anti-Stress-Seminar“ mitgebracht habe. Er hilft Ihnen, Abstand von einem Ärgernis zu gewinnen und zu entscheiden, ob Sie wirklich aktiv werden müssen. Übrigens: Manchmal, wenn mich etwas sehr ärgert, dann spiele ich diesen Dialog auch mehrfach durch.

Der Anti-Ärger-Dialog

1. Ist die Sache so wichtig, dass ich sie ernst nehmen muss?
   JA ← → NEIN
2. Bin ich tatsächlich im Recht?
   JA ← → NEIN
3. Kann ich angemessen reagieren?
   JA ← → NEIN
4. Angemessene Reaktion!
   Reagieren Sie auf ein Ärgernis souverän

***STRATEGIE 13:** ERKENNEN SIE IHRE GRENZEN UND ZUSTÄNDIGKEITEN.*

Fallgrube: Sprüche klopfen und leere Drohungen ausstoßen

Drohungen sind in der Regel kontraproduktiv

Neigen Sie dazu, manchmal in Ihrer Not oder Ihrem Ärger zu drohen? Wie oft haben Sie diese Drohungen umgesetzt? So etwas setzt man eher selten um, nicht? Drohungen, vor allem solche, denen keine Taten folgen, schaden Ihnen nur. Sie gelten dann als Sprücheklopfer und insbesondere, wenn Sie „große“ Taten angekündigt haben, machen Sie sich oft lächerlich. Zudem laden Sie andere dazu ein, das, worauf Sie so schön reagiert haben, bei Gelegenheit zu wiederholen. Drohungen sollten Sie sich daher grundsätzlich „schenken“. Erlaubt ist lediglich, Konsequenzen anzukündigen, aber dann müssen zwingend Taten folgen und – ehrlich gesagt – selbst davon würde ich abraten.

Prüfen Sie bei einem Ärgernis zunächst, ob es wirklich eines ist, ob Sie überhaupt darauf Einfluss nehmen können, und vor allem, definieren Sie, was Sie wollen. Dann können Sie sich zielführende Maßnahmen überlegen und umsetzen.

Haben Sie Ihren Schlachtplan fertig, lohnen sich auch Ankündigungen. Ist angesichts Ihrer Ankündigung der andere bereit, in Ihrem Sinne etwas zu ändern, hat sich Ihr Schlachtplan halt erledigt, ist er es nicht, können Sie ihn wirkungsvoll in die Tat umsetzen. So lernt Ihr Gegenüber am besten, dass mit Ihnen nicht gut „Kirschen essen" ist.

Kündigen Sie nur dann eine Konsequenz an, wenn Sie auch einen realisierbaren Plan haben

STRATEGIE 14: *TATEN ZEIGEN DEN WAHREN GEIST, NICHT WORTE. VERMEIDEN SIE GROSSE SPRÜCHE UND ANKÜNDIGUNGEN UND PFLEGEN SIE DIE STILLE, KONSEQUENTE TAT!*

Fallgrube: Auf die Wirkung schielen

Viele, die sich aus Peinlichkeiten retten oder gegen Übergriffe wehren wollen, glauben, sie müssten in ganz besonderer Weise reagieren. Doch wenn Sie mögliche Reaktionsvarianten und deren Wirkung betrachten, beginnen Sie mit einer Art Selbstzensur, blockieren sich selbst und finden wenig bis nichts gut genug als Antwort oder Aktion. Schade! Machen Sie es anders: „Schlagwerkeln" Sie munter drauflos. Nutzen Sie das Intermezzo, die Verwirrung oder den Stopp, den Ihre Schlagfertigkeit bewirkt hat, um zum Thema, zu Ihrer Argumentation, Ihrem Ziel oder einem neuen Ufer zu gelangen.

Haben Sie nicht zu viele Skrupel zu „schlagwerkeln"

STRATEGIE 15: *WERKELN SIE HEMMUNGSLOS DRAUFLOS. EXPERIMENTIEREN SIE UND FINDEN SIE HERAUS, WAS BEI WEM WIE WIRKT.*

Fallgrube: Sie können nicht immer gewinnen

Es wird immer einmal Situationen geben, in denen Sie feststellen: Mein Gegenüber ist einfach besser drauf. Ich kann nicht gewinnen.

Ärgern Sie sich in einem solchen Fall nicht. Seien Sie ein guter Verlierer. Spenden Sie dem Gegenüber Anerkennung:

Seien Sie ein guter Verlierer

für seine Durchsetzungsfähigkeit, sein Engagement, dass er besser war ... Damit wechseln Sie vom Kampf, der meist vor allem auf der emotionalen Ebene geführt wird, auf die Sachebene und können sich so von dem Ärgernis distanzieren. So endet unter Umständen eine Niederlage doch noch mit einem Gewinn.

STRATEGIE 16: *SPENDEN SIE DEM GEWINNER ANERKENNUNG. WECHSELN SIE DIE EBENE UND DISTANZIEREN SICH SO.*

Fallgrube: Beziehungen

Haben Sie vielleicht schon einmal erlebt, dass Ihr Chef sich auf Ihren Schreibtisch setzte oder Ihnen über die Schulter schaute? Wo Sie bei jedem anderen Kollegen eine klare Grenze gezogen hätten, hier duldeten Sie es?

Beziehungen sind auch eine Falle, in die wir tappen können, bei dem Versuch, uns zu wappnen. Beziehungen können hierarchisch oder gleichrangig gestaltet sein. Sie können von Abhängigkeiten geprägt sein, es können dauerhafte oder flüchtige Beziehungen sein.

BEZIEHUNG	BEISPIEL
Hierarchie	Chef – Nachgeordneter; Eltern – Kinder
Gleichgestellte Beziehungen	Kollege – Kollege; Freundschaften
Abhängige Beziehungen	Mitarbeiter – Schreibbüro Mitarbeiter komplementärer Sachgebiete
Dauerhafte Beziehungen	Paare/Familien; Angestelltenverhältnisse
Flüchtige Beziehungen	Beim Schlangestehen; in einem Geschäft
Bekanntschaften	Locker bekannt; Kameradschaften
Freundschaften	Vertraute / beste Freunde

Die Art der Beziehung schränkt Ihren Handlungsspielraum ein oder erweitert ihn. Unbewusst spüren wir das auch, denn wenn Sie dem Chef nicht sagen, was Sie den Kollegen deutlich mitteilen würden, dann empfinden Sie diese Spielregeln.

Generell lässt sich sagen, dass Ihr Handlungsspielraum nach oben und gegenüber Aggressoren, von denen Sie abhängig sind, kleiner ist. Das erklärt Ihre „Beißhemmung" und die Tatsache, dass Sie sich in solchen Konstellationen oft hilflos fühlen. Hier ist Bedacht angesagt, damit Sie nicht Porzellan zerschlagen und üble Bumerangeffekte erzielen, die vor allem Ihnen selbst schaden. Mehr Handlungsspielraum haben Sie dagegen in allen anderen Bereichen.

Ihr Spielraum nach oben oder gegenüber Aggressoren, von denen Sie abhängig sind, ist kleiner

Oft sind wir, ähnlich wie in hierarchischen Beziehungen, Fremden gegenüber vorsichtiger, dabei hätten eigentlich gute Freunde mehr Rücksichtnahme verdient. Doch je vertrauter eine Beziehung, desto mehr wagen wir auch, unsere hässlichen Seiten zu zeigen. Auch gegenüber Nachgeordneten und Abhängigen legen wir oft ein solches, unschönes Verhalten an den Tag.

Wenn Sie üben wollen, dann sollten Sie das am besten zuerst bei flüchtigen Beziehungen wagen. Hier kann, auch wenn einmal etwas nicht optimal läuft, nicht so viel schiefgehen. Und da es ja um non-aggressive Schlagfertigkeit geht, schadet sie auch nicht.

Sich im Rahmen flüchtiger Beziehungen ausprobieren

STRATEGIE 17: *BERÜCKSICHTIGEN SIE DEN HANDLUNGSSPIELRAUM, DEN IHNEN IHRE BEZIEHUNG ZUM AGGRESSOR ODER ZUM PUBLIKUM EINRÄUMT.*

4.3 Hinweise zum Abschluss

WIE SIE IHREN FIESEN AGGRESSOREN DAS SPIEL VERMIESEN ODER „OHNE OPFER GEHT ES NICHT!"

Es hat sich ja vermutlich schon angedeutet. Die wichtigste Rolle in Sachen „Schlagfertigkeit" haben Sie, wenn Sie sich als Opfer fühlen. Ohne Sie geht es einfach nicht und ausschließlich Ihr Verhalten bestimmt, wie eine Attacke oder ein Übergriff ausgeht.

Also, nehmen Sie Ihre Hauptrolle wahr. Genießen Sie Ihre Entscheidungsfreiheit. Erkennen Sie, dass Sie keine Marionette, sondern als Opfer eigentlich der Marionettenspieler sind. Wenn Sie unerwartet anders „zucken", muss sich Ihr Aggressor darauf einstellen. Genießen Sie daher Ihre Macht und werden Sie zum Regisseur Ihres Lebenstheaters.

Ohne Ihre Reaktionen kann Ihr Aggressor keine Attacke landen

Werden Sie nicht süchtig!

Schlagfertig werden, bedeutet Macht zu gewinnen über sich und andere.

Den einen oder anderen versetzt das geradezu in einen Rausch. Sie müssen das Gefühl, Macht auszuüben, beachtet und manchmal sogar gefürchtet zu werden, immer wieder auskosten. Das kann dazu führen, dass Sie selbst zu einem dieser unangenehmen Zeitgenossen werden, gegen die Sie sich jetzt noch wehren wollen. Achten Sie darauf, dass Sie lediglich Ihre Grenzen verteidigen und konstruktiv mit Ihren Mitmenschen umgehen. Helfen und unterstützen Sie mit Ihren Fähigkeiten jene, die es nicht können, und bleiben Sie zielorientiert. Das ist der beste Schutz gegen den Schlagfertigkeitsmachtrausch.

5 „Nein, war das peinlich!" – Ereignisse, Übergriffe und Situationen als Ankerpunkte für Schlagfertigkeit

Wann braucht man eigentlich Schlagfertigkeit? Interessante Frage, nicht? Als ich mit den Schlagfertigkeitstrainings anfing, habe ich vor allem auf zweierlei fokussiert: Unfairness, Übergriffe und Attacken. Aber im Laufe der Zeit habe ich erkennen müssen, dass wir uns auch in Ereignissen und Situationen wiederfinden können, in denen wir uns unfair behandelt oder ausgeliefert fühlen. Auch hier ist Schlagfertigkeit von Nutzen.

5.1 Schlagfertigkeit braucht Spielpässe

Von nichts kommt nichts

Und damit sind wir bei einem wichtigen Punkt: Schlagfertigkeit entsteht nicht aus bloßer Absicht, sondern sie braucht Spielvorlagen. Um schlagfertig sein zu können, bedarf es eines Übergriffs, eines Ereignisses oder einer (Standard-)Situation, in denen wir unsere Pointe gewissermaßen verorten und verankern, um dann (spielerisch) etwas daraus zu machen.

5.1.1 Ereignisse: Pannen und Missgeschicke

Pannen, die uns oder anderen zustoßen

Ereignisse sind oft Pannen und Missgeschicke, die uns oder anderen zustoßen. In meinen Trainings passiert es z.B. öfter

einmal, dass Charts, die ich aufgehängt habe, herunterfallen.
Hier weitere typische Fälle, die als Vorlage dienen können:

- Ein Glas fällt um
- Ich stottere
- Mir fällt ein Wort nicht ein
- Ich erlebe einen Blackout
- Die Technik funktioniert nicht
- Ich bekleckere mich
- Mir fällt etwas herunter
- Jemand drängelt sich vor ...

Belanglosigkeiten weiten sich in unserer Bewertung zu Dramen aus

Ereignisse stoßen uns zu oder wir brocken sie uns selbst ein. Meist haben sie gar keine besondere Bedeutung und sind auch oft schon nach wenigen Minuten vergessen, doch in Ausnahmefällen bewerten wir sie anders, nicht als Pannen oder Missgeschicke, sondern als „Dramen".

Oft interpretieren wir sie als einen Indikator für unseren Wert als Person:

- Ich benehme mich halt immer daneben!
- Ich bin unfähig, auch nur Plakate aufzuhängen!
- Ich kann ja noch nicht mal vernünftig essen!

Die Bewertung des Ereignisses ändern und souverän reagieren

Der Schlüssel, um mit diesen „Katastrophen" umgehen zu können, besteht also darin, die eigene Wertung zu verändern. Wenn Sie das Plakat nicht brauchen, lassen Sie es doch einfach liegen. Wenn Sie sich bekleckert haben: In Ordnung – dumm gelaufen.

Sie machen mehr Eindruck, wenn Sie angemessen reagieren und z.B. angesichts einer Panne souverän mit den Schultern zucken. Ein einfaches „*Ups*" reicht auch vollkommen. Wie wäre es mit einer schlichten Entschuldigung? Oder einem Scherz: „*Eigentlich habe ich essen gelernt ...?*" Es gibt viele Möglichkeiten, angemessen zu reagieren.

Pannen und Missgeschicke als idealer Einstieg in die Schlagfertigkeit

Pannen und Missgeschicke als Vorlagen sind ideal für Ihren Einstieg in die Schlagfertigkeit. Stellen Sie sich doch einfach einmal vor, welche Pannen Sie erleben könnten. Und im nächsten Schritt überlegen Sie sich, was Sie in der entsprechenden Situation sagen oder tun könnten, um die Lage zu entkrampfen:

- Eine heitere Bemerkung?
- Einfach ignorieren?
- Ein trockener Kommentar?
- Ein Achselzucken ...

Pannen lassen sich vielfach vorhersehen und Reaktionen daher planen

Ereignisse lassen sich zu großen Teilen gut vorhersehen und sind damit vorbereitbar. Sie brauchen jetzt nur noch etwas Fleiß, Fantasie oder Aufmerksamkeit und die Bereitschaft, sich etwas abzugucken.

Exkurs: Streiche

Man kann durchaus geteilter Ansicht sein, ob Streiche in diese Kategorie gehören, doch viele Streiche funktionieren ja ähnlich wie Pannen oder Missgeschicke. Denken Sie an die guten alten Schülerstreiche oder „Verstehen Sie Spaß". Streiche verübt man aus Lust an der Reaktion der Opfer. Gerade deshalb ist es wichtig, nicht zu dramatisieren. Ärgern Sie sich nicht unnötig, sondern nehmen Sie solche Situationen mit etwas Humor und/oder Gelassenheit hin.

5.1.2 Übergriffe: Aggressionen und Unfairness

Eine schwieriger zu bewältigende Form der Vorlage ist der Übergriff. Ein Übergriff ist meist eine Handlung oder eine Bemerkung, die von irgendeinem „Aggressor" begangen wird. Übergriffe, das sagt schon der Name, sind Handlungen, die Grenzen oder Spielregeln verletzen und damit als „unfair" empfunden werden. In der Regel setzen wir voraus, dass Übergriffe mit Absicht begangen werden.

Handlungen, die Spielregeln verletzen

Doch viele „Aggressoren" werden ohne böse Absicht zum Täter, z.B. weil sie die Spielregeln nicht kennen. So mancher Täter testet auch einmal aus, was geschieht und ob er Grenzen gesetzt bekommt.

Übergriffe können Bemerkungen sein oder ein „Sich-dreist-in-eine-Warteschlange-Drängeln". Hier braucht es Wachsamkeit und die Fähigkeit, sich zu reorganisieren. Aber auch hier können Sie sich – zumindest teilweise – vorbereiten. Schauen Sie sich doch einmal das Verhalten der Menschen bei Ihrem nächsten Stadtspaziergang oder Einkaufsbummel an. Was sehen Sie denn da so an „Dreistigkeiten"? Notieren Sie sich das und überlegen Sie sich gute Bemerkungen oder Reaktionen. Oft erleben Sie auch gute Reaktionen von Betroffenen, die Sie nur noch „abkupfern" müssen. Glauben Sie bloß nicht, Sie müssten jedes Rad neu erfinden.

„Dumme" Bemerkungen sind schwer vorhersehbar

Zu den Übergriffen gehören aber auch „dumme" Bemerkungen. Derartige Aggressionen sind schwerer in den Griff zu bekommen, weil sie schwerer vorhersehbar sind. Wie will man schon wissen, wann, wo und wie jemand eine „dumme" Bemerkung macht?

Und dann gibt es immer noch die Fieslinge in unserer Nähe. Die „lieben" Kollegen, spezielle Kunden und ähnliche Personen. Die machen vielen meiner Teilnehmer das Leben ganz besonders schwer. Aber auch hier sind Sie nicht ausgeliefert. Meist haben Menschen ein von Gewohnheiten bestimmtes Leben. Also, studieren Sie Ihren „Spezi", notieren Sie seine speziellen Bemerkungen oder typischen Verhaltensmuster. Sie werden schnell feststellen, welchem Muster er folgt. Dann können Sie „die Zukunft vorhersehen" und sich auf die nächste Aktion vorbereiten. Fußballspieler müssen schließlich auch lernen, Torchancen zu sehen und zu verwerten.

Die typischen Verhaltensmuster von Aggressoren ermitteln

Ach, und ganz nebenbei: Sie werden feststellen, dass diese Form der Recherche Ihrem Nervenkostüm guttun wird. Sie achten dabei weniger auf sich und darauf, was solche Übergriffe in Ihnen bewirken, sondern prüfen den Tonfall, in dem der Aggressor agiert hat, studieren seine Gestik und Mimik, nehmen die Bemerkung oder Aktion auseinander und schauen, woher sie ihre Wirkung bezieht. Prüfen vielleicht, wie die Rahmenhandlung war, welche Parallelen Sie zu früheren Situationen ziehen können. Und so werden Sie im Laufe Ihrer Recherche tatsächlich ruhiger und gelassener. So helfen Sie sich, selbst zu entscheiden, wann Sie sich aufregen wollen.

ÜBERGRIFFE UND UNFAIRNESS SIND IMMER AN KOMMUNIKATION GEBUNDEN

Im Unterschied zu Ereignissen sind Übergriffe meist an Bemerkungen oder Taten Dritter geknüpft und in der Regel kommunikativer Art. Es braucht dazu, so die Kommunikationspsychologie, einen Sender und einen Empfänger, sonst können sie nicht „geschehen". Der Übergriff versteckt sich dabei in der Regel in dem Austausch zwischen den Kommunikationspartnern. Dabei ist es unerheblich, ob der Austausch persönlich, telefonisch, mündlich, schriftlich oder nonverbal stattfindet. Einer der beiden Partner kann auch durch ein Objekt aus seinem Besitz repräsentiert sein. Das ist der Fall, wenn Sie z.B. ohne Rücksprache Ihre Besitztümer in dem Büro eines Kollegen abstellen. Diese Aktion wird er als Übergriff beurteilen.

Ein Übergriff liegt im Austausch von Kommunikationspartnern

Üblicherweise werden Übergriffe als unfair empfunden. Dabei sind die Einschätzungen, was denn nun unfair ist, sehr unterschiedlich: Je nach Situation, je nach Person, je nach Laune und je nach Übergriff kann die Beurteilung ein- und derselben Aktion variieren.

Unfairness ist Ansichtssache

Das macht es schwierig, adäquat darauf zu reagieren, und eine „Immer-richtig-Strategie" gibt es nicht. Doch eine Kategorisierung der häufigsten Übergriffe kann Ihnen helfen, angemessen zu reagieren.

Drei Kategorien von Übergriffen

Alle Übergriffe lassen sich, so meine Beobachtung, entsprechend den Aggressortypen (siehe Kap. 3.1 bis 3.3) drei Kategorien zuordnen:

- Miss- oder Ungeschicke (Aggressor: Tollpatsch)
- Explosionen (Aggressor: Wütender)
- Gezielte (Ab-)Schüsse (Aggressor: Jäger)

Miss- oder Ungeschicke

Bei Miss- oder Ungeschicken liegt dem Übergriff in der Regel keine gezielte Absicht zugrunde. Sie können verbaler Natur sein, es kann sich aber auch um Körpersprache handeln.

„Tatsächlich?" Eine solche Äußerung hat Potenzial. Sie kann dann als Übergriff aufgefasst werden, wenn die Betonung unglücklich ist oder sie falsch interpretiert wird. Nehmen wir an, eine solche Aussage wird durch ein Heben der Stimme falsch betont. Dies kann vom Empfänger als Übergriff in Richtung Ironie oder Skepsis interpretiert werden. *„Tatsächlich?"* kann aber auch Ausdruck ehrlicher Verwunderung oder von Staunen sein und trotzdem vom Empfänger falsch entschlüsselt werden, dann interpretiert er Skepsis oder Ironie hinein, obwohl dies weder gemeint noch in der Betonung angelegt war. Das wäre dann eine Art „Interpretationsfehler".

In Stresssituationen neigen wir zu Fehlinterpretationen

Wie weiter oben schon angedeutet, ist der Kontext, die Situation, in der Kommunikation stattfindet, wichtig, denn sie wirkt kommunikationsschädlich oder kommunikationsförderlich auf uns. In Stresssituationen z.B. neigen wir zu kritischen Interpretationen und sehen Gespenster, wo keine sind.

Aber: Ihrem Charakter nach kann diese Aussage vor einem anderen Hintergrund auch durchaus ein gezielter Abschuss sein.

Explosionen

„Himmelkruzitürken, wie oft soll ich denn noch verbunden werden?" Das ist unverkennbar eine Explosion. In diesen Fäl-

Explosionen entladen sich oft ungezielt

len hat sich meist im Aggressor etwas aufgestaut, das er an Ihnen ablässt. Sie fungieren als sein Blitzableiter. Typisch für Explosionen ist, dass sie oft ungerichtet sind und im übertragenen Sinne wie ein Blitz den nächsten „Baum" erwischen.

Der Tropfen, der das Fass zum Überlaufen bringt

Das gilt allerdings nicht immer. Sie kennen die berühmte Zahnpastatube oder die Schuhe, die immer auf der Treppe herumstehen, wo man garantiert darüber fällt? In diesen Fällen richten sich Ausbrüche durchaus an die verantwortliche Person, die sie aber dann oft nicht nachvollziehen kann.

Explosionen können Sie leicht erkennen an Fluchen, Brüllen, unkontrollierten Handlungen bis hin zu Beleidigungen. Meist werden sie von einer veränderten Gesichtsfarbe oder extremer Körperspannung wie z.B. Vorbeugen, zu Fäusten geballten Händen etc. begleitet. Es kann sogar zu Tätlichkeiten kommen, z.B. dem Schmeißen von Gegenständen, mit der Faust auf den Tisch schlagen oder echten Schlägen.

Typisch für Explosionen ist, wie schon gesagt, dass sie selten persönlich gemeint sind. Typisch ist auch, dass sich in der Regel Mitteilung und Zustandsinformation vermischen. Während die Mitteilung den eigentlichen Anlass des Ärgernisses betrifft, beinhaltet die Zustandsinformation, wie es dem Wüterich geht. Und: Sein Zustand ist meist nur zu offensichtlich. Je nachdem, wie stark es in dem Wütenden brodelt, kann es lange dauern, bis man das eigentliche Ärgernis herausgearbeitet hat, will man dem Übergriff konstruktiv begegnen.

GEZIELTE (AB-)SCHÜSSE

Abschüsse sind definitiv unfair

„Es wäre schön, wenn Sie zur Abwechslung auch mal was Produktives beisteuern würden!" Abschüsse stellen die gravierendste Form der Übergriffe dar und sind definitiv unfair. Sie sollen die Zielperson gezielt treffen oder provozieren. Abschüsse emotionalisieren bewusst, damit das Opfer nicht mehr klar denken kann: es soll schweigen, sich verteidigen, sich entschuldigen, ausrasten ... So wird es zur Marionette, die möglichst nicht mehr in der Sache und zur Sache redet.

Die Aggression soll das Opfer handlungsunfähig machen

Abschüsse sollen ablenken. Sie eröffnen einen Nebenkriegsschauplatz, auf den sich die Opfer locken lassen. Indem das geschieht, verlieren die Opfer ihre Ziele aus den Augen und die eigentliche Sachauseinandersetzung findet nicht mehr statt. Nun kann sich ein Aggressor entspannt zurücklehnen und Sie für die gelungene Provokation auch noch abstrafen: *„Ich denke, wir sollten zu unserem eigentlichen Thema zurückkehren ...“* So führt man Sie vor, wenn Sie sich „verführen“ lassen.

Ihr Gegenüber agiert sehr beherrscht und oft von oben herab

Auch Abschüsse lassen sich gut erkennen, da das Gegenüber (im Gegensatz zum Wütenden) oft sehr beherrscht wirkt. Teils zeigt es kontrollierten Ärger (kalte Wut), aber häufiger signalisiert der Aggressor in der entsprechenden Situation Überheblichkeit, Herablassung oder kühle Gleichgültigkeit. Er ist oben, das Opfer unten.

Diese Form wird häufig im Mobbing oder im Rahmen von Intrigen eingesetzt. Zum Drehbuch einer jeden „Soap“ im Fernsehen gehört ebenfalls ein solcher Charakter, der scheinbar grundlos andere herabsetzt und beleidigt.

Reinformen sind eher selten

Viele Übergriffe sind keine „Reinformen“, darüber sollten Sie sich im Klaren sein. Eine Explosion kann durchaus auch ein gezielter Abschuss sein bzw. als solcher eingesetzt werden. Auch scheinbare Missgeschicke können strategisch motiviert sein. Das ist z.B. bei Intrigen, die oft von langer Hand eingefädelt werden, der Fall. Dabei kann es sich auch um die Vorenthaltung von Informationen, Unterlassungen, verschwundene Akten und ähnliche Ungereimtheiten handeln. Die Zuordnung ist also im konkreten Fall nicht immer ganz einfach.

Wie können Sie Übergriffe besser einschätzen und zuordnen?

Die Intention des Übergriffs lässt sich an den Folgereaktionen des Aggressors erkennen

Meist erkennen Sie Intention und Art des Übergriffs an den Folgereaktionen Ihres Gegenübers. Wenn Sie sich nicht falsch verhalten, ziehen Missgeschicke und Explosionen in der Regel ein schlechtes Gewissen nach sich. Wenn sie dagegen als Abschüsse eingesetzt werden, bleiben in der Regel Entschuldigungen völlig aus oder hinterlassen ein schales Gefühl, weil sie nicht glaubwürdig wirken.

Oft lassen sich, wenn man die Vorfälle und Sachverhalte genau verfolgt, Ketten ermitteln und es stellen sich Serien und Reihen von „Zufällen“ heraus. Oft, wie beispielsweise im Falle von Mobbing, entwickelt sich auch ein eigenes, gegen das Opfer gerichtetes Klima, man will nicht mit ihm gesehen werden, meidet Kontakt oder beginnt, seine Kompetenz oder Glaubwürdigkeit zu bezweifeln.

Suchen Sie nach mehreren Indikatoren, um Abschüsse herauszuarbeiten und von Missgeschicken und Explosionen zu unterscheiden.

DIE „SCHLAGTECHNIK“: ATTACKIEREN AUF MEHREREN EBENEN

Übergriffe müssen nicht immer auf verbaler Ebene erfolgen, sondern können genauso gut nonverbaler Natur oder aber, wie in den meisten Fällen, beides sein.

Verbale Übergriffe

Verbale Attacken drücken sich über das Wort aus. Dabei handelt es sich um:

- BELEIDIGUNGEN: *„Sie sind einfach zu dumm dazu.“*
- HERABWÜRDIGUNGEN: *„Sie können es (einfach) nicht.“*
- UNTERSTELLUNGEN: *„Geben Sie doch zu, dass Sie das mal wieder verschusselt haben ...“*
- VORWÜRFE: *„Hätte ich bloß nicht auf dich gehört ...“*
- KILLERPHRASEN: *„Wenn das jeder wollte ...“*

Verbale Attacken lassen sich gut erkennen und auch recht gut mit den im Folgenden vorgestellten Techniken in die Schranken verweisen.

Nonverbale Übergriffe

Vielfach macht die nonverbale Begleitmusik, z.B. der Tonfall oder die Mimik, die Beleidigung aus. Bei einem *„Ach, wirklich?“* kann die Aggression ausschließlich in der nonverbalen Begleitinformation liegen. Die Betonung, vielleicht noch verstärkt durch die Mimik (z.B. hochgezogene Brauen), entscheidet darüber, ob dies wirklich als echte Verwunderung/Überraschung oder als gespielte Frage im Sinne eines: *„Ach, behaupten Sie doch nicht, Sie hätten das nicht gewusst“* verstanden werden soll.

Schockierend unter den nonverbalen Übergriffen wirken auch Brüllen und der Einsatz von Lautstärke. Weil das in unserem Kulturkreis so unüblich ist, entfaltet es erstaunliche Wirkung, die so manchen zurückzucken oder in der Folge selber aggressiv werden lässt.

Handlung oder Unterlassung

Aber die Beleidigung kann auch in einer Handlung oder Unterlassung stecken. Nehmen wir einmal an, Sie haben mit einem Kollegen eine Verabredung, doch zum Termin ist er nicht da. Auch wenn dies ein unglücklicher Zufall sein kann, er es vergessen, verschwitzt hat, verhindert wurde, es schwingt immer eine Beleidigung mit. Wer hat sich auf den Weg gemacht, Sie oder der Kollege? Warum hat er Sie nicht informiert? Sind Sie so unwichtig, dass man Sie tatsächlich vergisst? Ähnlich verhält es sich mit Unpünktlichkeit oder auch den Anrufen, die Ihr Gegenüber z.B. während Ihres Gesprächs entgegennimmt. Das sind subtile Beleidigungen, die wir euphemistisch Unhöflichkeiten nennen. Doch vielleicht verstehen Sie jetzt, warum Sie in solchen Fällen so gekränkt reagieren?

Ziel: Sache oder Person

Übergriffe können sich auf die Sache oder die Person richten. Dementsprechend sollten Sie auch unterschiedlich damit umgehen. Ist die Person Ziel einer Bemerkung, ist das in der Regel persönlich gemeint. Man will Sie gezielt emotionalisieren. Meist handelt es sich bei Bemerkungen zur Person um negative Äußerungen: Kritik, Beleidigungen oder Charakterisierungen, aber auch Lob und Schmeicheleien können eingesetzt werden. Hier gilt es vorsichtig zu sein. Hat das was mit der Sache zu tun? Kurz Abschmettern und dann schnell zurück zum Thema.

Bei Bemerkungen zur Sache ist das anders und Sie müssen differenzierter vorgehen. Sie können sie eben nicht als „unsachlich" betrachten. Zweifel, Einwände, Kritik, Nachfragen sollten Sie prinzipiell zunächst einmal ernst nehmen und sachlich beantworten. Erst wenn Sie z.B. das Gefühl haben müssen, dass es sich um Vorwände und nicht um Einwände handelt, dass man mit Ihnen eine Jagd veranstaltet, weil man Sie mit Fragen bombardiert und Ihnen keine Zeit gibt, sie zu beantworten, kann es sich um einen verlagerten Konflikt, etwas Persönliches handeln, das auf der Sachebene ausgetragen wird.

Handelt es sich bei Bemerkungen zur Sache um Vorwände oder echte Einwände?

5.1.3 Situationen: Rahmenbedingungen

Rahmenbedingungen, unter denen wir operieren

Unter dem Begriff „Situation" fasse ich die Rahmenbedingungen zusammen, unter denen wir operieren. Das können Redesituationen, Gesprächssituationen, hierarchische Konstrukte, öffentliche Geschehnisse oder auch Spezialsituationen sein, in denen wir uns mächtig unter Druck gesetzt fühlen. Zwar passt der Begriff an dieser Stelle nur bedingt, aber diese Kategorisierung ist mir wichtig, denn solche Rahmenbedingungen, die wir nur bedingt beeinflussen können, bestimmen unsere Handlungsfähigkeit und auch die Art und Weise, wie wir ein Ereignis bewerten, in hohem Maße.

In „öffentlichen" Situationen sind wir besonders empfindlich

In der Regel werden wir empfindlich, wenn es um „öffentliche" Situationen oder solche mit für uns weit reichenden Konsequenzen geht.

Zu solchen Situationen werden Gegebenheiten, wenn wir
- im beruflichen Kontext zu tun haben,
- vor Publikum sprechen (Redesituation),
- mit hochrangigen Personen zu tun haben (z.B. Chefs, Personalchefs ...),
- folgenreich vor für uns wichtigen Personen agieren (Freund, Freundin, Kollegen ...),
- uns in ungewohnten Situationen befinden (Rede, Aufzeichnung ...).

Zu den üblichen Sachanforderungen kommt in diesen Fällen noch ein zweites Anforderungsprofil, das wir zumeist gar nicht wahrnehmen. Wir wollen „eine gute Figur“ machen, wollen „es“ richtig machen. Eitelkeit, Außenwirkung, Imagepflege usw. wirken sich da aus und machen uns, meist ohne dass wir dies bewusst zur Kenntnis nehmen, das Leben schwer. Im Rahmen dieser Befindlichkeiten neigen wir dazu, mit besonderer Aufmerksamkeit nach Gefahren Ausschau zu halten.

In Situationen, in denen wir eine gute Figur machen wollen, sind wir besonders empfindlich

Grundsätzlich sind wir im beruflichen Kontext in der Regel eher angespannt und empfindlich als im privaten. Im Beruf geht es für uns oft um Ansehen, Karriere, Status und auch Geld und Erfolg. Das ist uns wichtig. Da legen wir vieles auf die Goldwaage, was uns sonst nicht weiter tangieren würde. Wir gehen dann dazu über, nach Gefahren, Kritik, Einwänden und Mäkeleien zu suchen, sie sogar zu konstruieren.

Die Anwesenheit Dritter, also von Publikum, macht uns ebenfalls besonders empfindlich. In solchen Situationen geht es ja nicht nur um das Urteil Einzelner, sondern um Ihr öffentliches Ansehen. Dabei kann es sich um Redesituationen handeln, bei denen Zwischenfragen gerne abgebügelt oder zurückgewiesen werden. In diese Kategorie gehören aber auch Besprechungen unter Kollegen, ja sogar eine Diskussion auf dem Bürokorridor oder ein Gespräch auf dem Parkplatz. Auch hier sind wir uns der Tatsache bewusst, ein Publikum zu haben, das ein Urteil über uns und unser Auftreten fällt. Übrigens muss ein Publikum nicht groß sein, wir brauchen auch nicht immer mehrere Partner. Je nachdem, wer unser Partner ist, ist er zugleich unser „empfundenes“ Publikum und gewinnt damit eine überwältigende Bedeutung.

Unter dem Publikum oder den Gesprächspartnern sind vor allem zwei Personengruppen von besonderer Bedeutung: höherrangige und für uns persönlich wichtige Personen.

Bei in der Hierarchie höherstehenden Personen entwickeln wir eine Art „Beißhemmung". Oft sind wir gelähmt und wagen nicht, Unklares zu hinterfragen, interpretieren aus Bemerkungen oder der Körpersprache Kritik. Das macht uns das Leben schwer.

Mit uns selbst im Ausnahmezustand müssen wir rechnen, wenn wir uns in ungewohnten Situationen oder auch vor ungewohnten Aufgaben befinden. Wie sehr treibt uns da das Gefühl um, uns lächerlich zu machen und das vielleicht auch noch vor Publikum?

Das Gefühl, sozusagen „öffentlich" zu agieren, ist nicht an feste Regeln gebunden. Es gibt immer die „persönliche Komponente", die eine Standardsituation für Sie zu einer Ausnahme- oder öffentlichen Situation machen kann.

Was können Sie dagegen tun? Machen Sie sich bewusst, was da gerade in Ihnen abläuft. Das hilft in der Regel schon, weil es Sie etwas entspannt. Sie können so etwas auch offen ansprechen. Offensichtliches wie z.B. Nervosität zu leugnen, ist albern und erweckt lediglich den Eindruck, unehrlich zu sein. Also, nutzen Sie die Chance und machen Sie aus der scheinbaren Schwäche eine Stärke. Üben Sie, suchen Sie ungewohnte Situationen, suchen Sie das Gespräch mit „hochrangigen" Persönlichkeiten. Das nimmt vergleichbaren Situationen viel von ihrer Spannung.

5.2 Wie erwächst aus Vorlagen Schlagfertigkeit?

Kennen Sie das vielleicht auch? Sie stehen vor Publikum und Ihnen fällt etwas herunter? Sie sitzen in einer Besprechung und machen eine Aussage und ein Kollege höhnt, Sie würden mal wieder Unsinn zum Besten geben? Vielen bricht in solch einer Situation eine Welt zusammen, sie laufen rot an, beginnen zu zittern und schämen sich in Grund und Boden.

Wann und warum ist etwas peinlich?

Wann etwas peinlich oder schwierig ist, ist schwer zu definieren, denn: *„Was dem einen eine Eule ist, ist dem anderen eine Nachtigall."* Und wenn Sie eine Situation für völlig unspektakulär halten, kann das Ihrem Nebenmann ganz anders gehen. Dabei kann es sich um völlig unterschiedliche Ereignisse handeln:

- Mitten im Telefonat wird einfach aufgelegt.
- Jemand beleidigt Sie.

- Jemand zweifelt Ihre Kompetenz an.
- Sie werfen ein Glas um.
- Sie lassen etwas fallen.
- Sie finden ein Wort nicht.
- Sie verhaspeln sich und beginnen zu stottern ...

Sogar ein und dieselbe Sache kann, je nach Situation, einmal unspektakulär, also nicht der Rede wert sein und einmal die Welt zum Erschüttern bringen. Selbst wir sind uns also oft nicht einig, wann eine Situation schwierig ist.

Drei Faktoren machen aus gewöhnlichen schwierige Ereignisse PRAXIS

Wenn wir unseren eigenen Erfahrungsschatz zurate ziehen, stellen wir meist fest, dass uns etwas infolge dreier Faktoren peinlich oder unangenehm sein kann:

1. Durch unsere individuelle und situative Bewertung eines EREIGNISSES, das uns zustößt, erleben wir ein Ärgernis, das zur Vorlage für eine Schlagfertigkeit werden kann. Da der wunde Punkt hier in unserer eigenen Bewertung liegt, haben wir einen großen Gestaltungsspielraum.
2. ÜBERGRIFFE, ATTACKEN und GEFECHTE, also UNFAIRNESS, sind der bedeutendste Anlass, der aus durchschnittlichen problematische Situationen machen kann.
3. Die RAHMENBEDINGUNGEN DER ÄUSSEREN SITUATION bringen uns aus dem Gleichgewicht. Durch den Druck, in der Öffentlichkeit oder vor uns persönlich wichtigen Personen eine gute Figur zu machen, empfinden wir alles, was nicht „glattläuft", als Peinlichkeit, Gesichtsverlust etc.

5.2.1 Vorlagen emotionalisieren und schalten unsere Denkfähigkeit aus

Wenn Sie sich Ihre Reaktionen in solchen Fällen genauer anschauen oder eigene Erlebnisse rekapitulieren, dann stellen Sie Folgendes fest:

- Wir sind unsicher.
- Wir wollen eine gute Figur machen.

- Wir sind geschockt.
- Wir sind sauer.
- Wir sind ge- oder betroffen.
- Wir sind verletzt.

Übergriffe und unangenehme Ereignisse versetzen uns Schläge

Übergriffe und unangenehme Ereignisse versetzen uns Schläge und lösen entsprechende, negative Gefühle aus, die schlimmstenfalls zu einem totalen Blackout führen können. Unser Denk- und Handlungsvermögen ist eingeschränkt und wir neigen dazu, nach Revanche oder sogar Rache zu streben. Wir kreisen ständig um unseren wunden Punkt und lassen immer wieder denselben inneren Film ablaufen. Auch sehen wir in solchen Fällen oft Attacken, wo keine sind. Da wird eine Sachfrage mit einer Härte abgebügelt, dass dem Auditorium der Atem stockt.

In solchen emotionalen Ausnahmesituationen lassen wir uns von unseren Gefühlen beherrschen und können nicht mehr angemessen reagieren. Häufig sind Entgleisungen und das „Schießen mit Kanonen auf Spatzen" die Folge. Unsere Reaktion steht dann in keinem Zusammenhang mit der Vorlage. Wir haben die Orientierung verloren und sind im wahrsten Sinne des Wortes „benebelt".

5.2.2 Schlagfertigkeit bricht den Bann

Negative oder unkonstruktive Reaktions- und Verhaltensmechanismen werden unterbrochen

Schlagfertigkeit bewirkt, dass negative oder unkonstruktive Reaktions- und Verhaltensmechanismen unterbrochen werden. Durch eine schlagfertige Replik wird gewissermaßen ein sich verselbstständigender Fluss, eine ins Negative abrutschende Dynamik gestoppt. Dabei kann es sich um einen Gesprächsfluss, einen Gedankenprozess, einen inneren Film oder eine eskalierende Auseinandersetzung handeln.

Unterbrechung eines Gedankenteufelskreises

Dies ist insbesondere dann wirksam, wenn es um Unfairness geht, aber auch, wenn man Sie auf das falsche Gleis setzen will. Da ein Gutteil der Vorlagen und Ereignisse vor allem durch Ihre individuelle Bewertung zu Ärgernissen wird, unterbricht eine Schlagfertigkeit auch Ihren Gedankenteufelskreis. Es funktioniert ein bisschen so, als würden Sie eine Einladung zu einem Schnaps bekommen und – weil Sie keinen Schnaps trinken – mit strahlendem Lächeln sagen: *„Darf ich vielleicht stattdessen um einen ... bitten?"*

Die Kunst der Schlagfertigkeit ermöglicht Ihnen die Rückkehr zu Ihrem ursprünglichen Ziel, zum Gesprächsthema oder auch die Überleitung zu einem neuen Ziel, das Sie unter Umständen aus der Situation heraus entwickeln. Sie vermeidet Unhöflichkeiten und Zwickmühlen.

Je nach Art der Vorlage übernimmt die Schlagfertigkeit in der Praxis also viele und ganz unterschiedliche Funktionen. Sie kann

- das innere Kreisen unterbrechen,
- eine aktuelle Anspannung lösen,
- jemandem den Wind aus den Segeln nehmen,
- peinliche oder Pattsituationen auflösen,
- Auseinandersetzungen ersparen,
- Sicherheit schenken,
- helfen, ein Ziel schneller zu erreichen,
- das Überleben sichern und Grenzen setzen,
- helfen (sich) zu entspannen und entspannter zu leben,
- Heiterkeit und Lebensfreude schenken,
- das Selbstbewusstsein stärken und
- ablenken.

Schlagfertigkeit wirkt also immer in Sie hinein und verändert Ihren Blick auf die Ereignisse und Geschehnisse. Schlagfertigkeit wirkt aber auch genauso auf Ihre Umgebung und verhilft auch hier zu neuen Perspektiven.

Schauen wir uns das und die Wirkung der Schlagfertigkeit im Folgenden einmal näher an, damit Sie im Falle von bei Ihnen Ärgernis und Irritation auslösenden Ereignissen, Übergriffen und Situationen anders und hoffentlich souveräner (re)agieren können.

6 „Wie komme ich von der Palme herunter?" – Die Kunst, gezielt zu entspannen

Sie wurden getroffen? In Ihnen tobt es? In Kapitel 4.2 zu den Reaktionen des Opfers habe ich es schon einmal kurz angesprochen: Wer sich in einer solchen Situation befindet, steht unter Druck bzw. Emotionen wie ein Schnellkochtopf auf dem Feuer. Wir neigen in solchen Situationen zu schwer bis unkontrollierbaren Handlungen. Wie es Vera Birkenbihl formuliert, werden wir vom Homo sapiens zum „Hormo sapiens".

Wer dem wirkungsvoll gegensteuern will, muss zunächst einmal verstehen, was da in uns abläuft.

6.1 Attacken, Übergriffe und Peinlichkeiten blockieren zunächst unser Denken

Immer wenn wir uns in einer unangenehmen Situation wiederfinden, bewerten wir diese in der Regel als Gefahr. Natürlich können Sie diese Annahme kritisieren. Und Sie hätten damit auch Recht, wenn die Eingangstests zeigten, dass Sie zu keinem Zeitpunkt erregt sind, Ihr Blut nie in Wallung gerät, Sie nie zittern ... Doch vermutlich, sonst hätten Sie dieses Buch nicht zur Hand genommen, ist das nicht der Fall. Im Gegenteil, wenn Sie in schwierigen Situationen einen bestimmten Reaktionskanon zeigen, empfinden Sie die Situation als gefährlich.

Wie schon in Kapitel 4.2 angesprochen, greift in Gefahrensituationen ein instinktgesteuertes Programm, das uns körperlich darauf vorbereitet, der Gefahr zu begegnen. Auch wenn heutzutage unser physisches Überleben in der Regel nicht bedroht ist, entwickeln wir unter Stress immer noch die gleichen Symptome wie unsere Vorfahren, die auf Gefahren mit Angriff oder Flucht reagierten und körperlich hochleistungsfähig sein mussten, um ihr Überleben zu sichern.

Die Wirkung des sozio-biologischen Alarmprogramms

Unter Stress wird unsere Denkfähigkeit zunächst zu Gunsten unserer körperlichen Leistungsfähigkeit eingeschränkt

Nicht willentlich beeinflussbare körperliche Reaktionen, die angesichts eines Säbelzahntigers sinnvoll sind, werden aber z.B. bei der Bewältigung der unerwarteten verbalen Attacke eines missgünstigen Kollegen zum Problem. Setzt nämlich unser – wie Vera Birkenbihl es nennt – sozio-biologisches Alarmprogramm ein, wird unsere Denkfähigkeit zunächst zu Gunsten unserer körperlichen Leistungsfähigkeit eingeschränkt.

- Wir zittern, damit die Muskeln warm werden.
- Wir schwitzen, weil die Muskulatur auf „Betriebstemperatur" läuft.
- Wir atmen schneller, damit der Körper gut mit Sauerstoff versorgt wird.
- Der Puls rast, weil wir auf Hochleistungsfähigkeit getrimmt werden.
- Die Schmerzempfindlichkeit sinkt, damit wir funktionieren und uns nicht in Schmerzen winden.
- Der Blick wird auf das Wesentliche fokussiert (deshalb engt sich unter Stress unser Blickfeld ein).

Aktiviert wird dieses Reaktionsprogramm über die Ausschüttung von Stresshormonen, was aber eben auch unsere Denkfähigkeit einschränkt. Denn die Stresshormone beeinträchtigen die Informationsübermittlung von Nervenzelle zu Nervenzelle, zwischen denen ein synaptischer Spalt überbrückt werden muss. Auch das hat seinen tieferen Sinn, denn wenn stets alle Reize weitergeleitet würden, wären wir häufig schlicht überlastet.

Stresshormone beeinträchtigen die Informationsübermittlung von Nervenzelle zu Nervenzelle

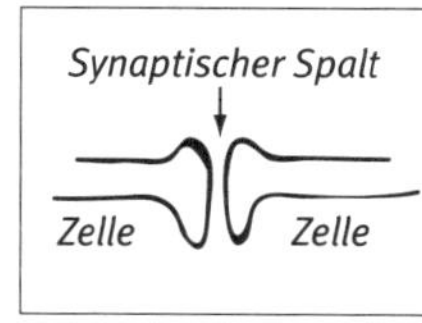

Das Programm lässt sich nun nicht einfach abschalten, sondern es läuft allmählich aus. Mit der Zeit und der Bewegung bauen sich die Stresshormone im Blut ab und damit fährt die allgemeine Mobilmachung für den Verteidigungsfall herunter und die Denkfähigkeit setzt wieder ein.

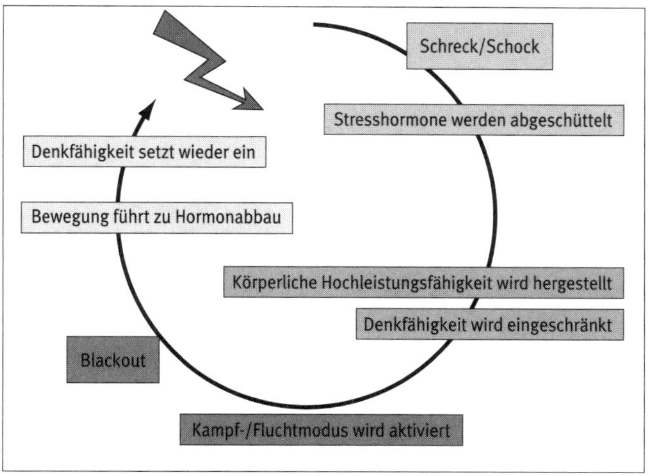

Das sozio-biologische Alarmprogramm

Der Opferkreislauf engt unsere Perspektive ein

Angesichts von Verletzungen reagieren wir instinktgesteuert und (hoch-)emotional – je nach Zustand allerdings verschieden. Wut und Ärger produzieren andere Gefühle und vor allem andere Reaktionen als eine empfundene Verletzung. Während sich Wut und Ärger oft durch Aggressionen abreagieren lassen, was dann wie ein Befreiungsschlag wirkt, schwelen Verletzungen meist lange und haben eine lange Nachwirkzeit. Typisch als Begleitreaktion ist hier das bereits erwähnte, immer währende gedankliche Kreisen um die Verletzung und ihre Umstände. Typisch ist oft auch eine Art Selbstmitleid, das Nachempfinden der Verletzung und das Aufwärmen der Ge-

Wie gebannt kreisen wir unablässig um unseren wunden Punkt

fühle. Selbstmitleid ist prinzipiell gut und richtig und auch angemessen, solange wir darin nicht verharren und uns dieser Reaktion auch bewusst sind. Häufig verziehen wir uns auch beleidigt in einen Schmollwinkel.

Solche und ähnliche Reaktionen belasten uns unter Umständen auch noch zusätzlich, da wir uns ihrer schämen, ohne aus dem Teufelskreis unserer überbordenden Gefühle ausbrechen zu können.

Der Blick auf konstruktive Handlungsmöglichkeiten ist verstellt

Die Gefühlszustände des Opferkreislaufs sind dadurch gekennzeichnet, dass sich unser Leben auf diese Perspektive verengt und so der Blick auf konstruktive Handlungsmöglichkeiten verstellt ist. Die uns beherrschenden Gefühle machen uns für alles andere blind.

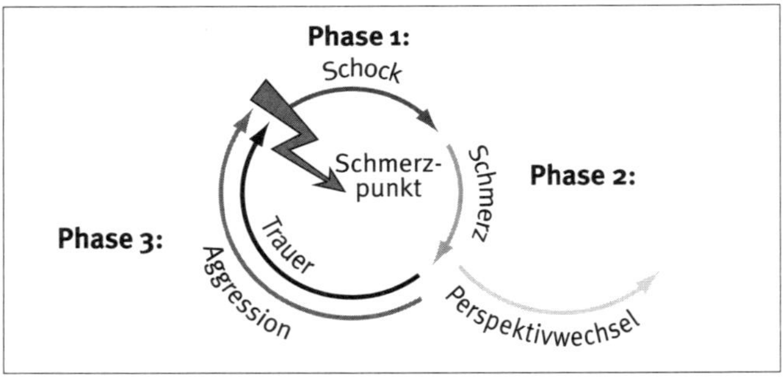

Der Opferteufelskreis

6.2 Wie kann eine Entspannung gelingen?

Wollen wir schlagfertig kontern, gilt es also, die Denkblockade der Schrecksekunde und die Einengung der Perspektive zu überwinden. Wir müssen in eine andere Richtung blicken, neue Möglichkeiten sehen und uns nicht mehr nur auf unsere Betroffenheit fixieren. Weiter müssen wir „runter" von den Stresshormonen. Und schließlich sollten wir durch einen Wandel unserer inneren Einstellung versuchen, im Vorfeld möglicher Belastungen unseren Stresspegel zu verringern.

Im Folgenden stelle ich einige Entspannungsstrategien vor, die diesen Zielen dienen können.

Verschaffen Sie sich Bewegung!

Stresshormone aktiv abbauen

Dieser Tipp zielt darauf ab, aktiv die Stresshormone abzubauen. Bewegung ist die einzige Möglichkeit, den Hormonpegel im Blut schnell zu reduzieren. Günstig wenn Sie dafür Sportarten wählen, bei denen Sie sich konzentrieren müssen und nicht grübeln können. (Das Grübeln heizt Sie neu auf!) Beim Joggen, Walken oder Schwimmen z.B. können Sie das Problem weiter wälzen. Wenn Sie dazu neigen, dann lohnt es sich, Sportarten zum Ausgleich zu wählen, die unsere Konzentration fordern: Squash, Tennis, Fußball, Aerobic oder Ähnliches mehr. Was auch immer Sie machen, jede Art von Bewegung hilft, das beginnt beim Treppensteigen, geht über das Schaufensterbummeln bis hin zu Waldspaziergängen und Ausdauer- oder Extremsportarten.

Lenken Sie sich ab!

Die Gedanken bewusst in eine andere Richtung lenken

Diese Technik zielt darauf ab, das Kreisen und Brüten zu unterbrechen und möglichst sogar zu stoppen. Ablenkungen bedeuten, die Gedanken bewusst in eine andere Richtung zu lenken, weg von dem Problem hin auf etwas anderes.

Das ist wichtiger, als es im ersten Moment scheint, und mittlerweile eine anerkannte Therapieform. Bei der Behandlung von Kriegsveteranen z.B. versucht man, Flashbacks heute nicht mehr zu unterbinden. Das funktioniert anscheinend nicht. Aber was durchaus gelingt, ist, dass die betroffenen Veteranen, die Schlüsselszenen aus ihrer Dienstzeit immer wieder in inneren Filmen erleben, bewusst einen geistigen Stopper einbauen und ihre Gedanken auf etwas anderes lenken. Das unterbricht den inneren Film und damit die gesamten Folgewirkungen. Und innere Filme haben Folgewirkungen. Wir erleben die vergangenen Schreck- und Angstreaktionen, den Stress, die Frustration, die Ohnmacht, die Wut, die Verlassenheit immer wieder. Die negativen Schlüsselerlebnisse werden sozusagen wieder aufgekocht und entfalten ihre unheilvolle Macht aufs Neue.

Je öfter es Ihnen gelingt, Ihre Gedanken gezielt auf etwas anderes zu richten, desto stärker schwächen Sie Ihren inneren Film und das Wiederaufleben eines Ärgernisses. Je farb- und kraftloser die negative Gefühlskulisse ist, die Sie so durchmachen müssen, desto mehr innere und äußere Freiheit gewinnen Sie.

Ablenkung ist eine Technik, die ihrerseits Anstrengung verlangt. Sie ist mühevoll und kostet Energie, ist also wirklich nicht bequem.

Verändern Sie Ihre inneren Filme bewusst positiv!

Innere Filme lassen sich nicht nur unterbrechen, wie z.B. durch Ablenkung oder auch sportliche Betätigung. Sie lassen sich auch im Sinne einer positiven Visualisierung modifizieren. Nutzen Sie diese Chance! Experimentieren Sie in diesem inneren geschützten Bereich. Spielen Sie verschiedenste Szenarien durch und bereichern Sie so Ihren Erfahrungsschatz, machen Sie sich mit neuen Reaktionen vertraut und verhindern Sie so Stressreaktionen.

Positive Visualisierungen mindern Stress und beugen Stress vor

Hören Sie möglichst nie mit etwas Negativem auf!

Negatives bleibt besonders haften

Dieser Tipp gilt insbesondere für Sie, wenn Sie z.B. bei einer Beschwerdehotline arbeiten oder gerade akquirieren. Die meisten hören in einer negativen Situation auf, in der sie ein besonders frustrierendes Erlebnis durchgemacht haben. Gerade das ist ein echter Fehler, denn damit konservieren Sie als letzte Erinnerung auch ein schlechtes Erlebnis mit allen negativen Begleitreaktionen. Das muss sich doch bei kritischer Betrachtung negativ auswirken, oder? Damit solche Erlebnisse keine unheilvolle Wirkung entfalten können, gilt es, in solchen Fällen weiterzumachen, gegen den inneren Trend. Hören Sie nur mit einem positiven Erlebnis auf. Das lindert den Schmerz, schwächt das negative Erlebnis und motiviert Sie für kommende Aufgaben.

Testen Sie Entspannungstechniken!

Entspannungstechniken gibt es viele: Progressive Muskelentspannung nach Jacobsen, autogenes Training, Meditation, Atemmeditation, Duftmeditation, Tai-Chi, Qigong, Yoga ...

Der Körper als Handschuh der Seele

Entspannungstechniken gehen letztlich von einem Ansatz aus, den der Pantomime Samy Molcho sehr treffend beschrieben hat. Molcho formulierte, dass der Körper der Handschuh der Seele sei. Wenn die Seele sich krümme, dann krümme sich auch der sie umhüllende Handschuh. Umgekehrt bedeutet dieses Bild aber auch, dass, wenn der Handschuh sich krümmt, die Seele seiner Bewegung folgt.

Der Körper spiegelt unseren Seelenzustand, z.B. in einem verkniffenen Mund oder einem heiteren Blick, einer entspannten oder gespannten Haltung ... Umgekehrt aber ist unsere innere Befindlichkeit ebenso abhängig von den Signalen, die der Körper an sie weiterleitet. Wir können also unsere Seelenlage beeinflussen, indem wir unseren Körper und seine Haltung beeinflussen.

Entspannungstechniken beruhigen die Atmung, reduzieren die Körperanspannung, lockern die Muskulatur, entschleunigen die Bewegung ... und erzeugen so Entspannungssignale, die an das Gehirn weitergeleitet werden. Das mindert erfahrungsgemäß in der Folge die Stresssignale und damit die Ausschüttung von Stresshormonen. Damit wird die Initialisierung des „sozio-biologischen Alarmprogramms" verhindert. Entspannungstechniken wirken also präventiv bzw. aktiv.

Jetzt dürfen Sie sich das aber nicht ganz so einfach vorstellen, denn man fängt nicht einfach so eine Entspannungstechnik an und schon funktioniert das Ganze. Jeder Mensch reagiert anders und was bei dem einen anschlägt, wirkt bei dem anderen nicht. Probieren Sie also verschiedene Techniken und (oft) auch verschiedene „Lehrer" aus. Außerdem gilt es, diese Techniken wirklich zu beherrschen, sie sind also gewissermaßen „auf Vorrat" zu lernen und zu praktizieren. Nur dann können Sie sie im „Ernstfall" auch wirkungsvoll anwenden und von ihrer positiven Wirkung profitieren.

Kontrollieren Sie Ihre Körperspannung!

Unter Stress neigen wir dazu, uns zu verspannen

Auch wenn Sie keine Entspannungstechniken mögen, können Sie große Wirkung erzielen, wenn Sie Ihre Körperspannung kontrollieren. Unter Stress neigen wir dazu, uns zu verspannen. Wir beißen die Zähne zusammen, ballen die Fäuste, reißen die Augen auf, stehen unter Strom, richten uns auf ...

Kontrolle der Körperspannung bedeutet, diese Signale bewusst zu registrieren und dann auch bewusst Maßnahmen dagegen zu ergreifen. Die Fäuste auflösen, den Kiefer entspannen, sich wieder „kleiner" machen. Der Anspannung wird da, wo sie entsteht, bewusst Entspannung entgegengesetzt, um so indirekt auch die eigene innere Stimmungslage zu relaxen.

Distanzieren Sie sich!

Gewinnen Sie Abstand von dem Ärgernis oder einem entsprechenden Umfeld

Distanzieren Sie sich und gewinnen Sie Abstand von dem Ärgernis oder einem entsprechenden Umfeld. Das kann in einer akuten Situation schon darin bestehen, dass Sie sich zurücklehnen, eine Pause einlegen, kurz etwas holen oder mal „aufs Töpfchen" gehen. So gewinnen Sie Abstand.

Das kann aber in stressigen Phasen auch einen Tapetenwechsel bedeuten, einen Urlaub, einen freien Tag, ein Wochenende mit einem Kurztrip.

Suchen Sie nach guten Gründen!

Unterstellen Sie Ihrem Gegenüber gute Gründe für sein Handeln

Diese Technik zielt auf Ihre Einstellung ab. Sie schafft mehr Verständnis für die Handlungen Ihres Gegenübers und mehr Toleranz. Unterstellen Sie Ihrem Gegenüber gute Gründe für sein Handeln. Er meldet sich nicht? Warum glauben Sie, dass er Sie vergessen hat oder vernachlässigt oder für unwichtig hält? Vielleicht liegt er im Krankenhaus, ist etwas Unerwartetes vorgefallen oder hat sich Wichtigeres vorgedrängt?

Wenn wir ehrlich sind, neigen wir dazu, anderen überwiegend Negatives zu unterstellen. Hören Sie damit auf. Wenn Sie selber einmal eine Zusage nicht eingehalten haben, war das böswillig gegen Ihren Kommunikationspartner gerichtet? Ja, vielleicht manchmal gedankenlos, auch nachlässig, aber oft wirklich unglücklich oder schwer verhinderbar. Nehmen Sie also das Beste an. Die meisten Menschen haben sehr gute Gründe, warum sie uns enttäuschen. Setzen Sie solche wirklich guten Gründe voraus, schenken Sie dem anderen einen Vertrauensbonus und Sie werden feststellen, wie entspannend das wirkt und wie viel lockerer und heiterer, kurz: schlagfertiger Sie reagieren können.

Nehmen Sie sich Zeit!

Nehmen Sie sich Zeit, Ihre Gefühle wahrzunehmen und zu verarbeiten

Sie müssen nicht immer funktionieren. Der Teufelskreis des Opfers zeigt ja, dass wir oft etwas Zeit brauchen. Gönnen Sie sich diese Zeit. Gönnen Sie sich auch eine Phase der Trauer, der Wut, der Frustration, der Scham oder des Trotzes und des Beleidigtseins. Akzeptieren Sie das ruhig für sich und wenn es richtig läuft, werden Sie feststellen, dass Sie das auch nach außen hin zugeben können. Dieses offene Umgehen mit den eigenen, manchmal auch unschönen Reaktionen hilft Ihnen außerdem, Abstand zu gewinnen und sich wieder zu „entemotionalisieren“, also normal zu werden.

Testen Sie ruhig einmal aus, jemanden, der Ihnen Trotz vorwerfen will, mit dem offenen Eingeständnis dieser Empfindung zu konfrontieren. Haben Sie angesichts einer Beleidigung, Unterstellung, Vernachlässigung ... nicht auch alles Recht dazu, trotzig zu sein, verletzt zu sein?

Zu seinen Gefühlen zu stehen, ist souveränes Handeln. Wichtig ist nur, nicht auf Dauer in solchen Phasen zu verharren, sondern sich aktiv und konstruktiv damit auseinanderzusetzen. Analysieren Sie Ihre Reaktionen, prüfen Sie, was Sie sich eigentlich wünschen. Was hindert Sie an einer Versöhnung und was brauchen Sie, um versöhnt zu sein?

Je besser Sie sich verstehen, desto eher können Sie Ihre Umgebung so gestalten, dass sie Ihnen guttut.

7 So kontere ich souverän! – Strategien der non-aggressiven Schlagfertigkeit

Aber wie kann ich nun im Fall der Fälle tatsächlich reagieren? Wie kann ich Grenzen setzen? Wie kann ich peinliche Situationen heiter auflösen? Wie kann ich Menschen einladen, eine Sachlage anders, weniger verbissen zu betrachten? Und wie kann ich mich selbst verteidigen?

7.1 Die Treppe zum Erfolg

Fundament für die Formen der Schlagfertigkeit, die ich für erfolgreich und non-aggressiv halte, sind immer noch die Strategien, die ich vor über zehn Jahren zuerst bei Barbara Berckhan kennen gelernt habe.

Manches erschien mir nicht konsistent und vieles habe ich verändert und ergänzt und doch haben sich die Grundlagen in der Auseinandersetzung mit ihr entwickelt.

Sich über Grundeinstellungen und Ziele klar werden

In Anlehnung daran betrachte ich den Weg zur Schlagfertigkeit als eine Pyramide mit verschiedenen Stufen. Zunächst ist die Basis, das Fundament zu legen. Das bedeutet, ich muss mir über meine Ziele und Grundeinstellungen klar werden.

Diese meine Grundeinstellung zu mir, anderen und der Situation prägt zu einem Großteil die Wirkung meines Tuns. Sie kennen das vielleicht: *„Wenn zwei das Gleiche tun, ist es noch lange nicht dasselbe.“* So heißt es in einem Sprichwort. Genauso ist es. Ihre Grundeinstellung entscheidet darüber, wie das, was Sie machen, „rüberkommt“.

Torero-Strategien

Insbesondere für sensible und gebeutelte Menschen ist dann die nächste Stufe der Schlagfertigkeitsstrategien wichtig, die so genannten Torero-Strategien. Sie haben vor allem die Aufgabe, Reaktionsfähigkeit überhaupt erst einmal zu ermöglichen und zugleich auch Zeichen zu setzen. Diese Strategien sollen den Betroffenen helfen, ihr Selbstvertrauen zu stärken und Wirkung zu erzielen.

Gummistrategien

Die nächste Stufe der Selbstverteidigung umfasst die so genannten Gummistrategien. Ich empfinde diese Strategien in ihrer Wirkung dergestalt, dass man zunächst einen Schritt zurück geht, damit ein Angriff keine volle Wirkung entfaltet. Dann aber kehrt man, ähnlich wie ein Gummi, das zunächst nachgibt und dann zurückfedert, wieder zu seinem Ausgangspunkt zurück. So demonstriert man Beharrlichkeit und zeigt einem Gegner, dass man sich nicht von seinen Zielen ablenken lässt.

Perspektivwechsel

Im Rahmen der Strategien des Perspektivwechsels reagiert man nicht länger auf die Vorgaben des Gegenübers, sondern konfrontiert es mit den eigenen Wertmaßstäben.

Entschleierungsstrategien

Und dann gibt es noch die ganz harten Fälle. Sie kennen das vielleicht. Da hört jemand einfach nicht auf zu sticheln, ähnlich wie ein Kampfhund. In diesen Fällen, auch in Bezug auf die besonders üblen Angriffe, hört es mit dem Humor auf. Hier

Die Schlagfertigkeitspyramide

heißt es „Risiko". Mithilfe der Entschleierungsstrategien werden deutlich und unmissverständlich Grenzen aufgezeigt: Jetzt wird gerungen.

Die Kür: Witzfertigkeitsstrategien

Und schließlich, an der Spitze, da finden sich jene Strategien, die Peinlichkeiten, Angriffe, Pannen, Missverständnisse, im Idealfall einfach alles, in Wohlgefallen auflösen. Hier stelle ich Ihnen die Kunst der Heiterkeit und des non-aggressiven Bonmots vor, die Witzfertigkeitsstrategien.

Soweit also der Überblick. Gehen wir jetzt über zu den Strategien im Einzelnen. Doch bevor wir an der Basis beginnen, lassen Sie uns einen Blick auf die Grundvoraussetzungen werfen, die die Anwendung der Schlagfertigkeitsstrategien erfordern.

Ohne diese zu erfüllen, wird es in der Praxis schwer, die vorgestellten Strategien umsetzen zu können. Deswegen stelle ich der Vorstellung der Strategien auch ein Kapitel nach, in dem Sie Übungen finden, um Ihre Sekundärfähigkeiten entwickeln und trainieren zu können.

7.2 Grundvoraussetzungen und Maximen für die Schlagfertigkeit

Wenn Sie schlagfertig sein wollen, gilt es ein paar Grundvoraussetzungen zu erfüllen. Die eigentlichen Techniken zu erlernen, reicht leider nicht ganz. Sie brauchen auch sekundäre Fähigkeiten, die Sie erwerben und pflegen sollten.

Flexibilität und Kreativität

Schlagfertig sein heißt zu einem guten Teil, spielerisch aktiv werden, Dinge anders betrachten, verändern, Parallelen ziehen. Das braucht Flexibilität und Kreativität. Beide Fähigkeiten muss man sich aneignen und pflegen. Sie sollten den Mut haben, querzudenken und abstrus zu wirken, ein „schwarzes Schaf" zu sein. Können Sie das? Es ist nicht leicht als „Jeck" zu gelten.

Entspannt und gelassen bleiben

Wichtig ist es auch, entspannt und gelassen zu bleiben. Nur dann sind wir in der Regel auch in der Lage, mit Situationen, Sprache und Gegebenheiten zu spielen.

Risikofreude

Wer nicht wagt, der nicht gewinnt, heißt es so schön, also müssen wir auch eine gewisse Risikofreude für die angewandte Schlagfertigkeit mitbringen.

Und nicht zu vergessen: Sie müssen natürlich auch in der Lage sein, Doppeldeutigkeiten zu erkennen, um z.B. Begriffe

Allgemeinbildung und ein großer Wortschatz

umzudefinieren, umzuinterpretieren, mit Synonymen zu spielen, Assoziationsketten zu bilden. Da sind eine gute Allgemeinbildung und ein großer Wortschatz hilfreich.

Grundmaximen für die Praxis

Was ist nun der Unterschied zwischen Grundvoraussetzungen und Maximen? Nun, Grundvoraussetzungen sind Fähigkeiten und Wissen, auf denen Sie aufbauen. Grundmaximen dagegen sind Grundhaltungen und Anwendungsregeln, die die verschiedenen Strategien dann zum Erfolg führen.

7.2.1 Die Ausstrahlung macht's

„Wenn zwei das Gleiche tun, dann ist es noch lange nicht dasselbe." Diese Erfahrung haben Sie vielleicht auch schon einmal gemacht. Während der Vorschlag des einen begeistert aufgegriffen wurde, wird der Vorschlag des anderen, der exakt in die gleiche Richtung ging, abgeschmettert.

Ohne die richtige Einstellung wirkt man unglaubhaft

Die Ausstrahlung, die Art und Weise, wie wir etwas sagen, bestimmt oft die Wirkung, die wir erzielen. Sie verleiht unserem Gesprochenen Nachdruck, Glaubwürdigkeit und Entschiedenheit. Deshalb ist die Basis, Ihre Einstellung in Bezug auf die Wirkung Ihrer Selbstverteidigungsstrategien wichtig. Ihre Einstellung spürt man sozusagen aus allen Poren.

Welche Einstellungen sind nun für eine wirkungsvolle Schlagfertigkeit erforderlich?

7.2.2 Das Regenschirmprinzip

Viele Menschen grämen sich, wenn es regnet, dabei bringt das nur eines ein: Man ärgert sich und schadet damit sich selbst. Wenn es regnet, sollten Sie einen Regenschutz zur Hand nehmen, eine Regenjacke, einen Umhang oder einen Schirm. Sie können sich auch unter ein Dach stellen. Aber im Regen zu stehen und zu jammern, das bringt nichts.

Ich erinnere mich an die Lockerheit und Freude meiner Kindheit, als ich mit oder ohne Regenstiefel im Regen durch die Pfützen hüpfte. Exakt das ist die Grundhaltung, die es für eine erfolgreiche Schlagfertigkeit braucht, nicht das Jammern über, sondern die Akzeptanz von scheinbar widrigen Umständen.

Akzeptanz von scheinbar widrigen Umständen

Zugleich beinhaltet das Regenschirmprinzip aber noch etwas anderes: Wenn man sich einen Schutz zulegt, wird man nicht nass. Der Regen kann mich nicht treffen. Wir legen uns mit dieser Strategie einen geistigen Schutz zu, der verhindert, dass uns etwas „nass macht", uns ein Angriff oder Übergriff trifft. – Warum das wichtig sein soll?

Was passiert, wenn uns eine Bemerkung, Geste, Unachtsamkeit oder Bosheit trifft? Es schmerzt und schockiert uns. Also verkrampfen wir uns innerlich und sind eines mit Sicherheit nicht: locker und souverän. Aber: Schlagfertigkeit setzt Lockerheit voraus. Erst die innere Lockerheit ermöglicht es uns, dass unser Geist spielerisch mit der Situation und der Sprache spielen kann. Wenn Sie schlagfertig sein wollen, schaffen Sie sich also Ihren Mechanismus, mit dem Sie sich gegen Verletzungen oder „peinliche Berührungen" schützen.

Suchen Sie eine Assoziation, die Ihnen hilft, sich nicht betroffen zu fühlen

Um eine Assoziation zu finden, die Ihnen wirklich hilft, sich nicht betroffen zu fühlen, sollten Sie in Ihre Vergangenheit eintauchen. Sicherlich haben Sie schon einmal ein Erlebnis gehabt, bei dem Sie erfolgreich schlagfertig reagiert haben. Graben Sie solche Erlebnisse aus und Sie werden mit Sicherheit eine Quelle finden, die Ihnen hilft, sich immer öfter nicht betroffen oder getroffen zu fühlen. Halten Sie fest, was Ihnen als Schutzschild hilft, vielleicht:

- Ein geistiger Regenschirm?
- Ein Taucheranzug?
- Eine abgeschlossene Theaterloge?
- Eine Glasscheibe? ...

Ein wirksamer geistiger Abwehrmechanismus versieht Sie mit einem geistigen Schutz, der Ihnen hilft, Abstand von verletzenden Worten oder Szenen zu gewinnen.

7.2.3 Verteidigungsbereitschaft

Trainieren Sie Ihren Jagd- oder Kampfinstinkt

Wer schlagfertig sein will, muss sich auf den Verteidigungsfall einstellen. Trainieren Sie also Ihren Jagd- oder Kampfinstinkt. Gehen Sie in sich: Sind Sie wirklich bereit „zuzuschlagen", aktiv zu werden? Sind Sie bereit, ein Risiko einzugehen? Wenn Sie das nicht sind, dann wird es schon schwierig.

Sie können Ihre Verteidigungsbereitschaft erkennen, indem Sie entsprechende Szenen im Geiste durchspielen. Stellt sich hier ein Gefühl für mögliche Schlagfertigkeiten ein? „Gewinnen" Sie in diesen geistigen Sparring-Simulationen öfter? Spielen Sie verschiedene Situationen durch, damit Sie Sicherheit gewinnen und nicht auf eine einzige Verlaufsvariante eingeschworen sind.

Sie erkennen Ihre Verteidigungsbereitschaft aber auch daran, dass Sie plötzlich anfangen, Verteidigungsstrategien zu sammeln, zu erproben, zu kopieren. Sie beobachten Ihre Umgebung dann völlig anders und prüfen, wo Sie Vorbilder oder Vorlagen entdecken. Wenn Sie an sich dieses Verhalten beobachten, ist das ein gutes Zeichen.

7.2.4 Der Fehdehandschuh: „Nehmen Sie ihn auf!"

Kennen Sie das nicht auch? Da hat man sich etwas vorgenommen, vielleicht mit dem Chef oder dem Partner „Klartext zu reden", aber wenn es dann so weit ist, setzt man es doch nicht um? Um genau diesen Punkt geht es. Im Allgemeinen sind wir oft bereit, etwas zu tun, einen Vorsatz umzusetzen. Doch im konkreten Fall passiert dann doch nichts? Verlässt Sie der Mut?

Haben Sie im konkreten Fall den Mut zum Duell

Deshalb gehört zu den Grundvoraussetzungen der Schlagfertigkeit nicht nur eine allgemeine Verteidigungsbereitschaft, sondern auch im konkreten Fall der Mut zum Duell. Eine verbale Attacke, ein unfairer Übergriff muss für Sie dasselbe darstellen, wie der dem Ritter im Mittelalter vor die Füße geworfene Fehdehandschuh. Auch der Ritter musste sich entscheiden, den Handschuh aufzuheben, die Forderung anzunehmen oder sich zurückzuziehen. Diese Entscheidung müssen Sie im konkreten Fall ebenfalls treffen: Kampf oder Rückzug.

Ziehen Sie sich den Schuh an, nehmen Sie den Fehdehandschuh auf? Verlagern Sie die Entscheidung von der unterbewussten auf die bewusste Ebene. Und seien Sie sich eines Vorteils bewusst: Früher war die Art, wie ein solches Duell durchgeführt werden musste, klar geregelt. Schlagfertigkeitsduelle dagegen können Sie nach Ihren eigenen Regeln spielen – und die kennt Ihr Gegner (noch) nicht.

7.2.5 Nutzen Sie Ihre Wahlfreiheit!

Die meisten „Opfer" denken, sie hätten keine Wahl. Sie reagieren in typischen Mustern, weil sie z.B. zu nichts mehr in der Lage sind (denken Sie an den „Blackout"; siehe Kap. 4). Oder sie wollen „es dem anderen zeigen".

Damit ähneln die meisten „Opfer" einem Bullen, der am Nasenring vorgeführt wird, oder – wenn Ihnen das Bild besser gefällt – einer Marionette.

Doch de facto hat jedes Opfer ein ganzes Tablett mit köstlichen Wahlfreiheiten zur Hand, die es erkennen und auch anzuwenden bereit sein sollte. Dazu zählen z.B. die Freiheit,

Zum Opfer werden Sie nur, wenn Sie diese Rolle auch akzeptieren

- zu reagieren,
- nicht zu reagieren,
- fies zu werden,
- wegzugehen,
- sich zu bedanken,
- eine Kusshand zu werfen,
- charmant zu werden,
- ignorant zu sein ...

Außerdem haben Sie als Opfer auch die Freiheit zu entscheiden, wie Sie die Handlung eines „Aggressors" interpretieren wollen: Gewinnen Sie Abstand, damit Sie eben diese Wahlfreiheiten wirklich erkennen und auch nutzen können.

7.2.6 Nehmen Sie sich Zeit!

Die meisten Teilnehmer meiner Schlagfertigkeitstrainings wollen so gerne schnell reagieren. Ich glaube, die meisten haben – wenn sie an Schlagfertigkeit denken – die guten alten Westernfilme im Hinterkopf. Da stehen sich zwei Kontrahenten in der Glut des Mittags auf der einzigen Straße im Ort gegenüber. Während der Wind ausgedörrte Büsche über die menschenleere Straße peitscht, starren sich die Helden unter der schattenspendenden Hutkrempe reglos in die Augen. Und dann, ein nicht wahrnehmbares Signal, und schon fliegen in Blitzesschnelle die Colts aus dem Holster – und der mit den schlechteren Reflexen beißt in den Staub.

Nun, mit den Realitäten hat das, was da im Western zelebriert wird, nicht viel zu tun. Was dabei nämlich gerne übersehen wird: Im Film trifft man immer, aber in der Realität gehört Treffsicherheit mit zu den absoluten Siegfaktoren und aus der Hüfte heraus zu schießen, dazu sagen Kenner, dass man da mit fast schon absoluter Sicherheit danebenschießt. *„Dumm gelaufen"*, sage ich da nur.

Im Falle der Schlagfertigkeit ist das Bild einer Marionette sinnvoller. – Ja, das hatten wir schon mal. – Aber was passiert, wenn der Marionettenspieler zieht, die Marionette aber nicht wie erwartet reagiert? Das sieht ziemlich dumm aus.

Ein Aggressor kann seine Wirkung nur entfalten, wenn Sie ihm als Sparringspartner zur Verfügung stehen. Spielen Sie

Wer besonders schnell reagieren möchte, verschenkt Möglichkeiten

nicht mit, funktioniert sein Spiel nicht. Also, was nutzt Ihnen hier der Wunsch nach Schnelligkeit? Wenn Sie besonders schnell reagieren wollen, spielen Sie nur Ihrem Aggressor in die Hände, und das aus mehreren Gründen:

- Sie machen sich Stress und Stress beeinträchtigt Ihr Denkvermögen bis hin zu Blackouts.
- Sie verkürzen Ihre Denkzeit und wenn Sie die Folgen dessen, was Sie da tun, völlig außer Acht lassen, kann das arg danebengehen.
- Schnelligkeit und Stress führen oft dazu, dass Sie sich im Ton vergreifen. Eine Bemerkung klingt plötzlich pampig, angefasst oder zickig. Damit können Sie nicht punkten.
- Schnelligkeit und Stress lassen Sie instinktgemäß und damit vorhersehbar reagieren. Sie sind wie ein pawlowscher Hund, der andere klingelt mit einem Glöckchen und Ihnen läuft der Sabber. Das wirkt auch nicht souverän ...

Kurz und gut. Verzichten Sie auf Schnelligkeit. Sie gewinnen damit so viel:

- Zeit zum Vordenken
- Zeit zum Andersdenken
- Sie können Ihren Kontrahenten zappeln lassen
- Sie können am Ton feilen ...
- Sie zwingen dem Kontrahenten Ihr Tempo und Ihre Spielregeln auf
- Sie emanzipieren sich

Punkten Sie also durch Langsamkeit. Oh, ich höre Sie schon sagen: *„Und wenn er mir vorhält, dass ich nichts sage ...?“* Na, fragen Sie ihn doch einfach zur Abwechslung: *„Ach, fanden Sie das der Rede wert ...?“* oder *„Ja, eindeutig.“* Es könnte sein, dass Sie vom Ergebnis überrascht sind.

7.2.7 Denken Sie nicht über die Folgen nach!

Wer schlagfertig sein will, sollte sich nicht auf die Folgen fixieren. Damit üben Sie Selbstzensur und eines ist quasi vorprogrammiert: Sie werden gar nichts tun, weil Ihnen nichts gut genug sein wird. Versuchen Sie nicht zu punkten, schielen Sie nicht auf Effekte und hören Sie auf, etwas Bestimmtes erreichen zu wollen.

Der Weg ist das Ziel

Schlagfertigkeit funktioniert ein wenig wie „Spielen“. Man spielt um der Freude am Spiel willen. Kinder wollen mit einem Spiel keine Wirkung erzielen, sondern sich mit Wonne die Zeit vertreiben, halt spielen. Alles andere, z.B. dass sie beim Spielen Sachen fürs Leben lernen, passiert einfach so nebenbei.

In der Schlagfertigkeit verhält es sich, meiner Erfahrung nach, ebenso. Experimentieren Sie einfach einmal drauflos und schauen Sie, was passiert. Machen Sie sich frei oder beherzigen Sie den Spruch von Albert Einstein: *„Ich denke niemals an die Zukunft. Sie kommt früh genug.“*

Experimentierfreude und Mut zum Risiko sind gefragt

7.2.8 Ärgern Sie nicht sich, sondern den anderen!

„Oh, ich ärgere mich schwarz, dass ich schon wieder darauf reingefallen bin.“ Wer ärgert hier eigentlich wen? Merken Sie es? Die Teilnehmerin, die diesen Satz in einem meiner Seminare fallen ließ, wurde nicht geärgert. Sie ärgerte sich selber – und das mit Inbrunst. Worüber ärgern Sie sich?

- Über den anderen?
- Über die Situation?
- Über die dumme Bemerkung?
- Darüber, dass Ihnen mal wieder nichts eingefallen ist?

Seltsam, warum ärgern Sie sich die ganze Zeit selbst? Es ist doch viel besser, wenn Sie den anderen ärgern. Sonst brauchen Sie ja schon keinen Aggressor mehr. Sie machen alles ganz alleine.

In vielen Fällen ärgern wir uns über uns selbst

Aus der „Mensch-ärgere-dich-Falle“ auszubrechen bedarf eines grundlegenden Perspektivwechsels. Machen Sie sich Stück für Stück bewusst, was da eigentlich in Ihnen vorgeht. Stress und Ärger schaden vor allem einem, Ihnen selbst. Also lassen Sie es doch einfach, ärgern Sie lieber die anderen als sich selbst.

7.2.9 Verbeißen Sie sich nicht!

Viele Zeitgenossen können sich mit Inbrunst streiten. Wenn das auch auf Sie zutrifft oder Sie sich auf einen daraus resultierenden Machtkampf einlassen, landen Sie oft in einer Sackgasse. Hier geht es dann nicht mehr um die Sache, sondern ums Rechthaben und jegliches Nachgeben wird zu einer Niederlage.

Machtkämpfe enden oft in einer Sackgasse

Daraus ergibt sich ein sehr wertvoller Tipp: Nehmen Sie einen Streit nicht zu ernst. Schlagfertig zu sein bedeutet auch, sich in schwierigen Situationen so locker halten zu können, dass Sie eine andere Perspektive einnehmen und so eine Pattsituation vermeiden können.

7.2.10 Werden Sie nicht dramatisch!

Wer schlagfertig sein will, sollte Gefühle vermeiden. Deswegen ist es auch so wichtig, sich ausreichend Zeit für eine Reaktion zu nehmen. Wer zu hastig reagiert, ist in der Regel „verschnupft", „angesäuert". Das spürt das Gegenüber auch und – wenn es sich um einen Jäger handelt, freut es sich. Die emotionale Reaktion zeigt, dass es einen Treffer gelandet hat.

Wer souverän ist, bleibt gelassen

Doch wer souverän ist, bleibt gelassen. Gelassenheit bedeutet Ruhe und eine Ausstrahlung, die persönliche Autorität vermittelt. Vielleicht ein leises Erstaunen, dass da einer so seltsame Versuche an Ihnen ausprobiert, aber nicht Zickigkeit, das Verteilen von Spitzen ... und Ähnliches mehr.

So banal es auch klingen mag, bleiben Sie locker. Das ist die beste Verteidigung, entweder weil Ihr Gegenüber das so gar nicht von Ihnen erwartet – oder weil es die Situation, z.B. im Falle einer Panne oder eines Missgeschicks, entspannt, statt zu einer Eskalation beizutragen.

7.2.11 Seien Sie unberechenbar!

Zwingen Sie die anderen dazu, sich an Ihnen auszurichten

Eine der wichtigsten Maximen ist Unberechenbarkeit. Sie sollten in Ihren Handlungen grundsätzlich unberechenbar sein. Stiften Sie Verwirrung, irritieren Sie Ihren Gegner oder Ihre Umgebung. So zwingen Sie die anderen dazu, sich an Ihnen auszurichten.

Der Schauspieler Michael Degen bringt in seinem Buch „Mein heiliges Land" ein hier sehr passendes Beispiel. Er hatte als junger Mann in Israel ein Engagement für die Komödie *„Der Revisor"* von Nikolai Gogol und sollte gemeinsam mit einem Schauspielerkollegen den Revisor ankündigen. Degen hatte die bedeutendere Rolle, und sein Kollege – wohl aus Neid oder Eifersucht – improvisierte permanent und zwang ihn so, sich auf immer neue Gegebenheiten einzustellen. Degen bekam von seinem Partner nicht die erwarteten Stichworte und wusste infolgedessen natürlich nicht, wann er einsetzen sollte. So verlor er in einer Vorstellung dann auch prompt den Faden. Was tun? Nun, er überlegte sich eine Gegenstrategie.

Bei der nächsten Vorstellung, als sein Partner wieder „aus der Rolle fiel", zog Degen sich zurück und kommentierte dessen Verhalten öffentlich: *„Nun gut, du willst die Sache melden ... dann los, sprich ..."* Was geschah? Der Partner, der den Text natürlich nicht kannte, stotterte, verlor den Faden, wurde handlungsunfähig und scheiterte kläglich – und das vor dem sich köstlich amüsierenden Publikum. Degen nahm schließlich seine Rolle wieder auf und das Stück wurde erfolgreich zu Ende gespielt. Der Kollege wagte nie wieder dergleichen und behandelte den jungen Degen mit ausgewähltem Respekt, denn er konnte nie mehr sicher sein, wozu dieser fähig war.

7.2.12 Bereiten Sie sich vor!

Wer erst nach einer Replik sucht, wenn er in der Notsituation ist, kann eigentlich in der Mehrzahl der Fälle nur abstürzen. Das ist definitiv zu spät. Wer nicht vordenkt, muss nachdenken. Das soll Sie nicht rüffeln, es ist einfach schlichte Logik. Und daraus ergibt sich eine ganz einfache Folgerung:

Sie haben Ihr Brüten und das Kreisen um den wunden Punkt konstruktiv genutzt? Ihnen ist im Nachhinein eine gute Replik eingefallen? Na, jetzt aber: Schreiben Sie sie auf. Was nützen Ihnen die besten Repliken, wenn Sie sie nicht zur Hand haben? Also, werden Sie zum Jäger und Sammler. Legen Sie sich eine Sammlung mit guten Schlagfertigkeiten an, die Sie aber auch ab und zu durchschauen sollten. Unser Gedächtnis ist ein unzuverlässiger Geselle. Wenn wir es nicht ab und zu auffrischen, verlässt es uns. Deshalb müssen wir unsere Sammlung auch ab und zu wieder durchschauen, um diese herrlichen Repliken wieder unserem Gedächtnis einzuverleiben.

Legen Sie sich eine Sammlung mit guten Schlagfertigkeiten an

Nachdem wir nun die Basis für unsere Schlagfertigkeiten gelegt haben, schauen wir uns die Schlagfertigkeitsstrategien, die ich für praktikabel, non-aggressiv und bewährt halte, im Einzelnen an. Sie bilden eine Stufenpyramide wie Sie ja schon gesehen haben. Unten sind jene Strategien, die besonders einfach und universell anzuwenden sind. Je weiter Sie nach oben kommen, desto anspruchsvoller werden die Strategien in ihrer Handhabung. Sie sind zum Teil dann aber auch eher eingeschränkt einsetzbar.

7.3 Die Strategien non-aggressiver Schlagfertigkeit

Ein Tipp vorweg: Alle hier vorgestellten Strategien sind miteinander kombinierbar. Sie müssen sich also in einem konkreten Fall nicht auf den Einsatz einer einzelnen Strategie beschränken. Eher ist das Gegenteil der Fall. Meist kombinieren wir in

Alle Strategien sind miteinander kombinierbar

der Praxis zwei oder mehr Strategien. Das kann parallel geschehen oder aber aneinandergereiht, d.h. in einer zeitlichen Abfolge.

Ihrer Fantasie sind also in der Praxis keine Grenzen gesetzt. Lassen Sie sich inspirieren, experimentieren Sie und finden Sie Ihren eigenen Stil heraus. Jeder entwickelt in der Praxis seine eigene Handschrift.

Kommen wir nun zur ersten Stufe der Schlagfertigkeitspyramide, den so genannten Torero-Strategien.

7.3.1 Die erste Stufe der Schlagfertigkeit: Die Torero-Techniken oder Angriffe ins Leere laufen lassen

Sie wissen ja, wie ein Torero in der Stierkampfarena arbeitet? Er lockt den Stier mit seiner roten Capa und reizt ihn. Nach anfänglichem Zögern steigert sich ob des Tuchwedelns die Aggressionsbereitschaft des Stieres derart, dass er dieses „Ärgernis" tatsächlich angreift. Er kann zwischen dem „Aggressor" und der Capa nicht unterscheiden.

Normalerweise macht ein Aggressor das Gleiche mit Ihnen, aber mithilfe der Torero-Strategie drehen Sie den Spieß um. Sie lassen den Stier, also den Aggressor, elegant ins Leere laufen, indem Sie, im übertragenen Sinn, zur Seite treten – genau wie ein Torero.

Ich zähle fünf Vorgehensweisen zu dieser Strategie:
- Die stumme Geste
- Ignorieren
- Die Umleitung
- Der zweisilbige Kommentar
- Das unpassende Sprichwort

Weniger ist mehr

Die Kunst, aber auch die Schwierigkeit bei all diesen Strategien besteht darin, so wenig wie möglich zu machen. Das ist viel schwerer, als es klingt. Die meisten meiner Teilnehmer sind eingangs sehr unzufrieden, weil sie das Gefühl haben, da passiert ja gar nichts. Man macht doch eigentlich nichts. Sie kommen sich wie „Schwächlinge" vor. Aber das ist ein Irrtum. Diese Strategien sind ausgesprochen wirksam und sehr, wirklich sehr amüsant. Das ist die Kategorie von Schlagfertigkeiten, die ich am meisten liebe und die ich gerne in der Praxis angewandt habe. Sie sind ungefährlich, weil ausgesprochen non-aggressiv, mit einer Ausnahme, dem unpassenden Sprichwort. Da steckt Aggressionspotenzial drin und Sie sollten darauf achten, diesem nicht zu verfallen.

Torero-Strategien sind ausgesprochen non-aggressiv

Bleiben Sie „lieb" und „nett". Ich weiß, das klingt langweilig und nach „Weichei", aber glauben Sie mir: Dann erzielen Sie die größte Wirkung – so meine Erfahrung.

Der Vorteil der Torero-Strategien

Machen Sie sich Ihren Schock zum Verbündeten

Der große Vorteil der Torero-Strategien besteht darin, dass Sie mit diesen Strategien den Schock zu Ihrem Verbündeten machen. Erleben wir einen Übergriff, sind wir erst einmal geschockt und damit nur eingeschränkt oder gar nicht mehr reaktions- und denkfähig (siehe Kap. 6.1). Also ist es reichlich absurd, in einem solchen Zustand kunstvolle Bonmots von sich zu erwarten, nicht? Nein, besser ist es, „minimalistische" Strategien zu wählen und anzuwenden. Und eben das sind die Torero-Strategien.

7.3.1.1 Die stumme Geste

Auf einen Angriff nur körpersprachlich reagieren

Mit der stummen Geste lassen Sie Ihren Gegner ins Leere laufen, indem Sie stumm bleiben und auf einen Angriff nur körpersprachlich reagieren. Sie können alles Mögliche tun:

- Sich breitmachen
- Eine Kusshand werfen
- Etwas fallen lassen
- Die Augen aufreißen
- Eine vermeintliche Bemerkung notieren
- Freundlich nicken ...

Zu einer solchen Reaktion ist man auch unter Schock fähig. Er kommt Ihnen sogar entgegen, gerade weil Sie unter Schock so wenig oder nur so schwer reagieren können.

Zu meinen Spezialitäten gehört ein fragender Blick – und zwar einer ohne Kritik am anderen. Der wirkte auch schon, bevor ich mich mit dem Thema Schlagfertigkeit zu befassen begann. *„Ach, dann hat Ihnen das wohl nicht so viel gebracht?"*, denken Sie jetzt vielleicht. Irrtum, denn seitdem ich mich mit Schlagfertigkeit beschäftigte, habe ich die Reaktionen – meine und die der anderen – unter eben diesem Aspekt beobachten gelernt. Und ich stellte fest, welche Ergebnisse ich doch tatsächlich mit so wenig Aufwand erzielen konnte. Wenig kri-

Sie gewinnen Zeit und geraten nicht in Zugzwang

tische Reaktionen sind dabei – so meine Erfahrung – und ich komme so am wenigsten in Zugzwang.

Der andere fühlt sich aufgefordert, seine Worte zu wiederholen oder sein Verhalten zu erklären. Das Schlimmste, was mir dabei passieren konnte, war, dass ich gefragt wurde, ob ich etwas nicht verstanden hätte. Und da musste ich ja nur noch nicken ... oder? – Und was passiert weiter?

Wenn es sich um eine Entgleisung handelt, setzt beim anderen jetzt eine Beißhemmung ein (wenn er normal tickt). Denn er weiß, dass das, was beim ersten Mal noch als „Ausrutscher" gewertet wurde, beim zweiten Mal zu einer üblen Attacke wird. Davor schrecken die meisten zurück. Daher ziehen sie sich zurück: *„Ach, nichts ..."* Zugegeben, das ist kein großartiger Sieg, aber es ist einer und mit nur sehr geringem Aufwand.

Sie können aber natürlich auch härter reagieren. Ein skeptischer Blick, die Stirn in Falten legen, hochgezogene Brauen, ein Gähnen ... Auch solche Reaktionsmöglichkeiten stehen Ihnen frei. Dann aber – darüber müssen Sie sich im Klaren sein – wird der andere Futter bekommen. Er kann eine Erklärung von Ihnen fordern, Ihnen etwas unterstellen. Darauf sollten Sie sich vorbereiten.

Provozieren Sie durch Ihre Geste Ihr Gegenüber, nachzuhaken, müssen Sie vorbereitet sein

Deshalb empfehle ich die „netten" Varianten insbesondere den Einsteigern in die Schlagfertigkeit. Versuchen Sie es doch mal bei einem Drängler mit einer (aber wirklich) begeisterten Kusshand, die Sie ihm im Vorbeifahren zuwerfen. Das haben so manche Drängler schon wirklich ernst genommen. Na, und das ist dann ja auch eine gelungene „Veräppelei". Das sollte Sie doch zufrieden stellen, nicht?

Erklären und kommentieren Sie Ihr Verhalten nicht

Erklären und kommentieren Sie Ihr Verhalten übrigens bitte nicht, auch wenn sich Ihr Gegenüber darüber wundert. Lassen Sie sich nicht von dem, was Sie eigentlich tun wollten, ablenken und investieren Sie keine Energie in einen möglichen Angriff.

Geschickt ist es, sich nach einer stummen Geste dann anderen, wichtigeren Dingen zuzuwenden. So verpufft der gegnerische Angriff besonders wirkungsvoll. Falls Sie sich hier unter Erklärungsdruck setzen sollten und Schwierigkeiten haben, sich das vorzustellen, finde ich es immer wirkungsvoll, mich damit einzustimmen, dass ich mich körpersprachlich über so manches wundere. *„Was hat denn das mit dem Thema zu tun?"*

So ärgere ich mich nicht, sondern bleibe auf einer gefühlsneutralen Reaktionsschiene.

Übung zur stummen Geste

Sammeln Sie mögliche stumme Gesten

Sammeln Sie mögliche stumme Gesten. Bitte verzichten Sie auf eine Bewertung Ihrer spontanen Ideen. Sammeln Sie fröhlich drauflos und halten Sie Ihre Einfälle auf einem Blatt fest und hängen es z.B. an eine Pinnwand oder eine Tür. Am besten eignet sich ein Ort, an dem Sie häufig vorbeikommen oder auf den Sie häufig schauen. So werfen Sie im Vorbeigehen oder ganz nebenbei mal eben einen Blick auf Ihre Sammlung und können sie vielleicht spontan ergänzen oder memorieren.

So legen Sie sich mit der Zeit einen ordentlichen Fundus an Reaktionsmöglichkeiten an, die Sie dann nach und nach austesten können. Beginnen Sie am besten mit Varianten, die Sie ohnehin häufig anwenden. Das kommt dann am ehesten aus dem Bauch heraus und wirkt auch am authentischsten, insbesondere, wenn Sie unter Schock stehen. Das macht Ihnen das Leben leichter.

Beim Praxistest werden Sie dann feststellen, mit welchen Varianten Sie die größte Wirkung erzielen. Später, je mehr Routine und Sicherheit Sie haben, werden Sie desto variantenreicher handeln und desto besser die Wirkung steuern.

7.3.1.2 Ignorieren

Sie liegen nicht ganz falsch, wenn Sie diese Strategie als eine Variante der stummen Geste betrachten. Es gibt sie in zwei Spielarten.

- **Einen Übergriff absolut ignorieren**

Sie tun so, als wäre nichts gewesen

Die erste Variante besteht darin, einen Übergriff absolut zu ignorieren, gerade so, als sei nichts gewesen. Das passiert uns in der Praxis öfter, als wir glauben. Wir sind so konzentriert, dass wir eine Störung, einen Ankömmling oder eine Frage überhaupt nicht zur Kenntnis nehmen. Diese Fähigkeit müssen wir nur bewusst einzusetzen lernen.

Das ist für den einen oder anderen schwerer, als man denkt. Wir neigen dazu, auf Dinge und Ereignisse einzugehen, insbesondere, wenn wir uns getroffen fühlen. Einfach bei der Sache, die wir vorher gemacht haben, zu bleiben, das ist manchmal schwer, sehr schwer sogar.

Leichter wird diese Variante, wenn Sie sie „tarnen". Wenn Sie etwas nicht ganz mitbekommen haben, haben Sie sicherlich auch schon einmal in ähnlicher Form reagiert: *„Geben Sie mir noch eine Minute, damit ich ... zu Ende bringen kann ..."* Sie tun also so, als handele es sich um eine sachliche Zwischenbemerkung und nicht um die Reaktion auf einen Übergriff. Damit kann der Aggressor sein Ziel, Sie durcheinanderzubringen, Sie abzulenken oder Sie zu verletzen, nicht weiterverfolgen.

So ignorieren Sie den Übergriff zwar nicht komplett, aber doch in seinen entscheidenden Punkten.

Und was machen Sie, wenn der Aggressor nachhakt? Tun Sie doch ruhig erstaunt: *„Oh, haben Sie tatsächlich so etwas gesagt? Das hätte ich ja nie erwartet ..."*

- ETWAS EISKALT ABTROPFEN LASSEN

Ganz offensichtlich nicht auf den Übergriff eingehen

Die zweite Variante des Ignorierens ist, etwas nicht scheinbar unabsichtlich zu ignorieren, sondern ganz offensichtlich eiskalt abtropfen zu lassen. Diese Variante braucht allerdings eine entsprechende Ausstrahlung, Sie müssen machtvoll, unerschütterlich, eiskalt auftreten, unter Umständen den anderen sogar niederstarren können. Diesen „Basiliskenblick" finden Sie übrigens auch bei amerikanischen Cops. Die haben dafür eigens Hilfsmittel, die Schirmmütze und die verspiegelte Brille, sodass ihre Gegenüber Schwierigkeiten haben, den Gesichtsausdruck und die Augen zu lesen.

Wenn Sie nicht sehr ausgebufft oder extrem wütend sind, dürften Sie mit dieser Variante einige Schwierigkeiten haben; doch einen Test ist es wert. Werfen Sie sich in die Brust, machen Sie sich groß und breit (natürlich nicht so, dass es lächerlich und aufgeblasen wirkt), starren Sie den anderen reglos und unbeirrt an. Machen Sie ein kaltes Gesicht.

Starren Sie den anderen nieder

Ein Beispiel

Vielleicht erinnern Sie sich noch: Eines der schönsten Beispiele für die milde Variante dieser Strategie kam vor einigen Jahren in der Werbung von „XXX"-Milch. Da saßen der Fußballtrainer Giovanni Trapattoni und ein Fußballer vor einer Berghütte und löffelten völlig entrückt ein Milchprodukt. Eine Kellnerin kommt dazu und staucht die beiden zusammen:

(Kellnerin schaut vorwurfsvoll)
Trapattoni: *Musse rühren.*

(Kellnerin stemmt die Arme in die Seiten)
Fußballer: *Musse probieren.*
Kellnerin: *Ja, sagt mal, was macht's denn ihr da? Dasitzen und Pudding löffeln? Und wer betreut die Gäste?*
Trappatoni: *Isse cremig.*
(Kellnerin schüttelt den Kopf)
Fußballer: *Isse Wahnsinn.*
(Kellnerin geht angesäuert ab)

So schön kann man Ärger und Rüffler verpuffen lassen.

ÜBUNG ZUM IGNORIEREN

Wie kann man das Ignorieren üben? Die harte Variante lässt sich nur über eiserne Selbstbeherrschung umsetzen. Die weiche Variante dagegen lässt sich durchaus auch üben.

- ÜBUNGSMÖGLICHKEIT 1: Konzentrieren Sie sich auf das, was Sie tun. Beobachten Sie sich, wenn Sie bei einer Tätigkeit sind. Sobald Sie registrieren, dass jemand kommt, üben Sie unauffällig, ihn zu ignorieren. Sie werden an den Reaktionen merken, ob Sie das glaubwürdig schaffen. Sie können diese Strategie im Beruf anwenden (aber nicht zu oft, das fällt sonst auf) oder auch in Geschäften, wenn sich z.B. eine Verkäuferin heranpirscht.
- ÜBUNGSMÖGLICHKEIT 2: Tragen Sie Formulierungen zusammen, mit denen Sie sich z.B. bei einer Störung unauffällig für Ihre unabsichtliche „Unhöflichkeit" entschuldigen können .
- ÜBUNGSMÖGLICHKEIT 3: Sammeln Sie Formulierungen, mit denen Sie z.B. bei einer Diskussion Zwischenbemerkungen und Zwischenfragen zurückstellen oder abschmettern können.
- ÜBUNGSMÖGLICHKEIT 4: Auch hier lohnt es sich, sich Standardformulierungen aufzuschreiben. Sie können die Sammlung nach und nach erstellen, ähnlich wie oben bei der stummen Geste beschrieben. Diese Standardformulierungen können Sie dann einsetzen, wenn jemand darauf reagiert, dass Sie eine Bemerkung überhört, eine Aufforderung nicht mitbekommen oder eine Störung nicht registriert haben.

Aber es lohnt sich auch, sich gute Vorlagen von anderen abzugucken. Gerade bei Präsentationen oder Diskussionen, z.B.

Fernsehdiskussionen mit politischem Inhalt, neigen die Diskutanten und Redner dazu, Zwischenfragen und Zwischenrufe abzuweisen. Da findet man immer die eine oder andere gute Variante. Pirschen Sie also und schreiben Sie sich solche Formulierungen auf. Auch im Berufsleben haben Sie immer wieder die Möglichkeit, sich gute Varianten abzugucken. Nutzen Sie diese Möglichkeiten. Aber nicht vergessen: Aufschreiben, im Gedächtnis verankern und testen. So finden Sie jene Formulierungen, die Ihnen das Leben leichter machen.

7.3.1.3 DIE UMLEITUNG

Sie wechseln zu einem völlig anderen Thema

Die Umleitung ist eine weitere Möglichkeit, einen Übergriff verpuffen zu lassen. Sie ignorieren ihn nicht, indem Sie nicht darauf eingehen, sondern indem Sie über ein vollkommen anderes Thema reden.

Wechseln Sie das Thema am besten ohne jede Begründung. Ganz wichtig ist dabei, dass Sie der Versuchung widerstehen, dem anderen mit dem neuen Thema doch noch eins auszuwischen. Je banaler und nichtssagender die Umleitung, also das von Ihnen erörterte neue Thema ist, desto besser wirkt sie.

Die Umleitung wirkt „gewollt"

Die Umleitung fügt dem Spektrum der Torero-Techniken eine Variante hinzu, die sie von der stummen Geste und dem Ignorieren unterscheidet. Die Umleitung wirkt „gewollt". Man merkt ihr oft an, dass sie in dieser Situation eine Art Antwort auf einen Übergriff ist. Dem ist nicht immer so, aber oft. Insbesondere dann, wenn Sie es mit einem hartnäckigen Aggressor zu tun haben, der seinen Übergriff entgegen allen Regeln des guten Benehmens wiederholt oder einen zweiten oder sogar dritten startet, wird schon spürbar, dass Sie nicht ohne Plan das Thema wechseln.

Dann kann es Ihnen auch passieren, dass Ihr Gegenüber nachfragt, was das denn solle. Bleiben Sie – wenn möglich – heiter. Hat der andere nicht schlichten Unsinn geredet? Also haben Sie genauso reagiert: unsinnig. Sagen Sie das auch ruhig in abgemilderter Form: *„Oh, ich dachte, das passt irgendwie auf Ihre Bemerkung ..."* Lächeln Sie dabei sanft, liebevoll, aber mit einem intensiven Blick. Dann wird Ihr Gegner schon merken, „wo der Hammer" hängt.

Warnungen funktionieren übrigens am besten, wenn man möglichst vage bleibt.

Unterschätzen Sie die Umleitung nicht. Sie ist schwieriger, als man denkt, weil man hier nicht mit Standardfloskeln operieren kann. Von den Torero-Strategien ist sie eine der schwierigeren Varianten. Sie müssen denkfähig sein und tatsächlich ein neues Thema einführen, aber so, dass es eine Weile vorhält, dass andere auf das Thema einsteigen könnten.

Sie müssen schnell einen Anknüpfungspunkt für ein neues Thema finden

Ich fand das – wie gesagt – schwierig, bis ich einen eigenen Trick entwickelt habe. Ich plappere über das, was ich vor Augen habe. Ich wandere also mit den Augen durch den Raum oder die Umgebung, im Notfall auch über die Gestalt meiner Mitmenschen und greife auf, was ich da sehe. Das kann der Teppichboden sein: *„Oh, wo ich gerade den Teppichboden sehe, ist Ihnen auch schon aufgefallen ...“* Und schon lande ich bei einem neuen Thema. Sie können sich auch inhaltlich „andocken“ und ein Stichwort aus dem Gesagten herausfiltern: *„Apropos, wo Sie gerade ... sagen, da ...“* Eine dritte Möglichkeit besteht darin, sich z.B. auf eine aktuelle Nachricht, ein Ereignis oder ein Erlebnis zu beziehen. Das ist die abrupteste und brüskeste Variante der Umleitung und vielen fällt das schwer. Üblicherweise haben Menschen eine Beißhemmung und scheuen sich davor, einem anderen auf diese Art zu signalisieren, dass sie seine Worte keiner Beachtung werthalten.

So wirkt die Umleitung ähnlich wie das Ignorieren und die stumme Geste. Der andere kommt sich dumm vor, weil er nicht beachtet wird.

Übung zur Umleitung

Kennen Sie nicht auch das Kinderspiel *„Ich sehe was, was du nicht siehst“?* Solche Spiele schärfen unseren Blick für unsere Umgebung. Wenn Sie also Kinder im entsprechenden Alter haben, dann lohnt sich dieses Kinderspiel.

Eine andere Übungsmöglichkeit fand ich in der Biografie eines Journalisten. Er schildert dort sein Vorstellungsgespräch in der Redaktion einer Tageszeitung. Der Redakteur dort ließ den jungen Bewerber beschreiben, was er auf dem Weg in die Redaktion gesehen hatte. Diese Übung sollten Sie häufiger praktizieren, sie schult Ihr Wahrnehmungsvermögen.

7.3.1.4 Der zweisilbige Kommentar

Einen Angriff mit nur zwei Silben kommentieren

Bei dieser Strategie kommentieren Sie einen Angriff mit nur zwei Silben. Der zweisilbige Kommentar ist eine außerordentlich wirkungsvolle Minimalantwort, die Ihre Energien spart. Er ist besonders nützlich für Leute, die schnell sprachlos sind, und für Einsteiger.

Wichtig ist, dass Sie es bei den zwei Silben belassen. Eine Silbe ist meist zu wenig und ein Dreisilber ist meist zu lang. In beiden Fällen verpuffen die Effekte.

Ich selber wende diese Strategie besonders gerne an, wenn ich stocksauer bin. Gerade erst kam ein Nachbar auf mich zu und behauptete, Eis von unserem Dach sei auf seinen Wagen gefallen und hätte ihn beschädigt. Angesichts der Tatsache, dass es drei Tage am Stück stocksteif gefroren, nicht geregnet hatte und weder Eis noch Schnee auf dem Dach lagen, musste es eine schlichte Lüge sein. Ich brodelte innerlich. Aber mein Kommentar: *„So, so!"*, begleitet von einem intensiven Blick mit hochgezogenen Brauen schaffte mir die Zeit, den ersten Ärger zu verdauen und dann sachlich zu reagieren: *„Dann geben Sie uns das mal schriftlich."* Erst dann würde man alles prüfen können.

Verschaffen Sie sich zunächst einmal Zeit

Wenn Sie den zweisilbigen Kommentar einsetzen, achten Sie auf Ihren Tonfall: *„Scha-de"*; *„Potz Blitz"*; *„So, so"*. Sie sollten ruhig, gelassen und am besten auch etwas gedehnt klingen. So entfaltet sich die Wirkung dieser zwei Silben am besten.

Karten Sie nicht mehr nach, auch wenn Sie noch so gerne nachlegen würden

Karten Sie nicht mehr nach, auch wenn Sie noch so gerne nachlegen würden. Mehr als Skepsis oder Überraschung sollten Sie mit einem zweisilbigen Kommentar nicht zum Ausdruck bringen. Vermeiden Sie auch hier zickige Varianten.

ÜBUNG ZUM ZWEISILBIGEN KOMMENTAR

Der zweisilbige Kommentar ist eine jener Strategien, bei denen Sie wieder mit Standardformeln arbeiten können. Am besten legen Sie sich wieder einen ordentlichen Fundus zu, wie bei der stummen Geste.

Nehmen Sie, wie dort beschrieben, ein Blatt zur Hand und sammeln Sie. Auch hier können Sie sich viel im Alltag abhören. Da gibt es hübsche regionale Varianten, wie z.B. ein *„Hei-ja"*. Zu diesen gehört auch einer der wenigen funktionierenden Dreisilber, das *„Sodele"*.

Je unpassender, desto größer der Erfolg

Also pirschen Sie. Je ungewöhnlicher, origineller und unpassender, desto größer der Erfolg. Wenden Sie sich anschließend einem anderen Thema oder einer anderen Tätigkeit zu.

7.3.1.5 DAS UNPASSENDE SPRICHWORT

Das ist definitiv eine meiner Lieblingsstrategien, weil sie etwas Schalkhaftes hat. Mit dieser Strategie reagieren Sie auf einen Übergriff lediglich mit einem Sprichwort. Es sollte aber auf keinen Fall inhaltlich passen. Bei meinen Teilnehmern sind Sprichwörter wie *„Perlen vor die Säue ...“* sehr beliebt, aber bei einem Praxistest merken die meisten, wie aggressiv, provokant oder auch nur pampig solche Repliken wirken. Das sollte nicht dabei herauskommen. Antworten Sie deshalb mit einem Sprichwort, das überhaupt nicht zu dem Angriff passt und so etwas absurd wirkt.

Antworten Sie mit einem Sprichwort, das überhaupt nicht zu dem Angriff passt

Wann wendet man diese Strategie an? Das unpassende Sprichwort ist immer dann sinnvoll, wenn Sie keine Lust haben, sich mit einer dummen Bemerkung näher zu befassen. Es ist eine Art Retourkutsche. Sie reagieren genauso unzusammenhängend und sinnlos wie Ihr Gegner. Diese Strategie hat – ähnlich wie die Umleitung – eine plakative Wirkung. Der Aggressor spürt Ihre „absurde“ Reaktion. Sie setzen damit also ein deutlich spürbares Zeichen. Sie können diese Strategie daher ähnlich wie die Umleitung einsetzen.

Das unpassende Sprichwort bringt in der Anwendung überschaubare Schwierigkeiten mit sich. Auf der einen Seite arbeiten Sie mit Standards, aber auf der anderen Seite müssen Sie darauf achten, nicht „passend“, sondern eben unpassend zu reagieren.

Sehr schön ist die Variante, die gängigen Sprichwörter abzuwandeln und daraus neue, mit ungewöhnlichen oder gar absurden Formulierungen abzuleiten: *„Da sieht man, wo der Hase weht.“ „Reden ist Schweigen, Silber ist Gold.“* Das kommt Ihrem Kontrahenten bekannt vor und doch wird er auf die Schnelle nicht unbedingt erkennen, was da nicht stimmt. Er ist nun seinerseits irritiert! Doch Sie haben das mit voller Absicht so und nicht anders formuliert! Falls also Rückfragen kommen, sagen Sie genau das: *„Nein, das war schon mit Absicht so formuliert ...“* Eine häufige Reaktion auf diese Strategie ist auch: *„Was soll das denn heißen ...?“* Erklären Sie Ihre Reaktion dann bitte nicht und lassen den Angreifer in seiner Verwirrung schmoren: *„Ja, denken Sie mal darüber nach.“* oder *„Ja, manches erkennt man nicht auf den ersten Blick, nicht?“*

Ungewöhnliche oder absurde Formulierungen wählen

Eine Teilnehmerin, die sich mit einem unangenehmen Kollegen auseinandersetzen musste, hatte starke Zweifel an der

Wirksamkeit dieser Strategie. Doch sie wandte sie an und meldete Erfolg. *„Es hat geklappt! Er hat über mein unpassendes Sprichwort sogar Stunden und Tage gebrütet und keine Lösung gefunden!“* Logisch, dass ich mich für sie freute.

ÜBUNGEN ZUM UNPASSENDEN SPRICHWORT

Sprichwörter können Sie sammeln, ähnlich wie Sie es mit den stummen Gesten gemacht haben. Diese Methode hat den Vorteil, dass Sie mit Sprichwörtern zu arbeiten beginnen, die Sie kennen. Diese Sprichwörter kommen Ihnen leichter in den Sinn als andere, die Sie erst „lernen“ müssten.

Konsultieren Sie ein Lexikon und suchen wenig bekannte Sprichwörter …

Eine andere, einfache Variante ist, in ein entsprechendes Lexikon zu schauen. Da finden Sie eine Vielzahl von originellen und wenig bekannten Sprichwörtern und Bonmots. Günstig sind Sprichwörter, die wenig bekannt sind und ihre Bedeutung erst auf den zweiten Blick erschließen. Auch geflügelte Worte aus fremden Ländern erzielen solche „Ungewohntheitseffekte“. *„Die Gazelle kommt immer erst nach dem Löwen zur Tränke.“ „Im Regen fliegt der Schmetterling nicht.“*

… oder wandeln bekannte ab

Und dann gibt es noch eine dritte Variante. Das gezielte „Verdrehen“ bekannter und unbekannter Sprichwörter und Weisheiten. Wenn Sie einer von den glücklichen Menschen sind, die ohnehin dazu neigen, Sprichwörter „falsch“ wiederzugeben, dann sind Sie begnadet. Sie haben diese Fähigkeit schon von Natur aus, die sich andere erst mühsam erarbeiten müssen. Freuen Sie sich darüber.

Und wie „verhunzt“ man nun normale Sprichwörter? Ersetzen Sie Teile des Sprichwortes durch irgendetwas anderes, was überhaupt nicht passt. Oder kombinieren Sie den Anfang eines Sprichwortes mit dem Ende eines anderen. *„Das dicke Ende ist immer ein Schlag ins Wasser.“ „Der Krug geht so lange zum Brunnen, bis er voll ist.“ „Das schlägt dem Fass die Krone ins Gesicht.“* So kommen völlig unsinnige Weisheiten zu Stande, und genau das wollen Sie ja.

7.3.2 Die zweite Stufe der Schlagfertigkeit: Die Gummi- oder Tanzschrittstrategien

Gummistrategien sind für den Schockzustand ungeeignet

Die Gummistrategien bilden die zweite Stufe der Schlagfertigkeit. Während die Torero-Strategien auch im Schockzustand angewandt werden können, benötigen die Gummistrategien Konzentration und Denkfähigkeit und gehören daher nicht mehr zur Grundstufe, sondern zur Aufbaustufe der Schlagfertigkeitspyramide.

Es geht bei diesen Strategien im Kern um Folgendes: Sie nehmen einem Übergriff seine verletzende Wirkung, indem Sie zunächst einen Schritt zurückweichen. Das muss man sich ein wenig so vorstellen wie bei einem asiatischen Kampfsportduell. Da bleibt man auch nicht stehen, wenn man einen Schlag auf sich zukommen sieht, sondern man weicht ihm aus, geht einen Schritt zurück und auf diese Weise verpufft die Wucht des Angriffs und der Gegner, der mit Widerstand gerechnet hat, gerät aus dem Gleichgewicht. Doch man bleibt nicht im Rückzug begriffen, sondern geht im nächsten Schritt zu seinem Ausgangspunkt zurück. Ähnlich empfinde ich auch Gummi- oder Tanzstrategien. Genau wie ein Gummi gibt man erst nach, um dann in die Ausgangsposition zurückzuschnellen. Damit hat Ihr Gegner keinen Zentimeter Raum gewonnen.

Sie treten gewissermaßen zurück und die Wucht des Angriffs verpufft

Diese Strategien sind in der Form sehr freundlich, aber in der Sache unnachgiebig und – übrigens – auch das muss man lernen, derart unnachgiebig zu sein.

Zu den Gummi- oder Tanzschrittstrategien gehören:
- Die Scheinzustimmung
- Die empathische Zustimmung
- Die Rückfrage
- Die entgiftende Gegenfrage

Die Vorteile der Gummi- oder Tanzschrittstrategien

Die Aussagen des Gegenübers werden nicht negiert. Sie hinterfragen Sie nur punktuell. Das ist besonders dann wichtig, wenn es um hitzige Debatten und Auseinandersetzungen geht, wenn also Inhalte diskutiert werden. In heftigeren bis heftigen Debatten neigen wir ja dazu, das, was der andere sagt, als irrelevant zu kennzeichnen. Da fallen Sätze wie *„Darum geht es doch gar nicht …“ „Viel wichtiger ist doch …“* oder wir überhören, was das Gegenüber sagt, und präsentieren unser nächstes Argument. Das ist eine mehr oder minder subtile Form der Beleidigung und Herabwürdigung. Der andere ist es nicht wert, angehört zu werden!

Sie werden nicht inhaltlich und wecken daher keinen Widerstand in der Sache

Die Gummistrategien machen genau das nicht. Insbesondere die Scheinzustimmung und die empathische Zustimmung sind in diesem Zusammenhang sehr freundliche Strategien, die den anderen beruhigen helfen. Sie schenken Gehör und Anerkennung. Auch die Rückfrage, die den anderen bittet, das Gesagte noch einmal zu wiederholen, zeugt von unserer Aufmerksamkeit.

Und wie ist es mit der entgiftenden Gegenfrage? Implizit setzt sie voraus, dass der andere gute Gründe für seine Aussage hat. Wir nehmen sie so ernst, dass wir die Argumente genauer anschauen wollen, um prüfen zu können, ob wir etwas an unserem Verhalten ändern müssen. Auch das ist für hitzige Diskussionen nur von Vorteil.

7.3.2.1 Scheinzustimmung

Sie kennen solche Situationen sicherlich: Ihr Angreifer will Recht haben und er kämpft dafür. Was tun wir meistens? Frei nach dem Prinzip „Druck erzeugt Gegendruck" halten wir dagegen. Doch in der Sache bringt uns das wenig, denn schon bald dreht es sich nicht mehr um die Sache, sondern darum, Recht zu haben und Macht zu demonstrieren. Damit ist ein Gespräch oder eine Auseinandersetzung abgeglitten. Aber worum geht es Ihnen eigentlich? Geht es Ihnen nicht darum, Ihre Ziele zu erreichen?

Also, konzentrieren Sie sich darauf und geben Sie Ihrem Gegner das, was er will: Stimmen Sie ihm doch zu! Geben Sie ihm doch Recht! Sagen Sie Ihrem Angreifer, dass Sie gern bereit wären nachzugeben, wenn ihm das hilft.

Doch Achtung: Geben Sie ihm nicht in der Sache Recht, sondern – daher auch der Titel „Scheinzustimmung" – nur „scheinbar". Das klingt ein wenig niederträchtig, aber lassen Sie sich nicht beirren. Diese Strategie hat nichts, aber auch wirklich nichts mit Niedertracht oder der Vorspiegelung falscher Tatsachen zu tun.

Bestätigen Sie Ihrem Kontrahenten das Recht, die Dinge so zu sehen, wie er sie sieht

Wichtig ist dabei, das Sie ihm in einem Punkt Recht geben, in dem Sie einfach nicht streiten können, denn aus seiner Sicht hat Ihr Gegenüber immer Recht. Genau wie Sie aus Ihrer Sicht immer Recht haben. Das ist etwas, über das man nicht streiten kann. Also sagen Sie genau das: *„Aus Ihrer Sicht haben Sie (sicher) Recht…"* Damit vergeben Sie sich wirklich nichts, denn damit haben Sie nur einen ersten Schritt getan, den, bei dem Sie zurückweichen. Es folgt ein zweiter: das Zurückschnellen in Ihre Ausgangsposition.

Denn nachdem Sie Ihrem Gegenüber zunächst Recht gegeben haben und seine Sicht der Dinge anerkannten, beharren Sie auf Ihrem Standpunkt: *„Und dennoch muss ich / müssen wir ...“*

WANN KÖNNEN SIE DIESE STRATEGIE EINSETZEN?

Diese Strategie können Sie immer dann anwenden, wenn Ihnen das Genörgel und die Aufgeblasenheit anderer gegen den Strich geht, meint Barbara Berckhan. Aber ich sehe noch andere Situationen, in denen die Scheinzustimmung wirkungsvoll ist. Zum Beispiel dann, wenn Ihr Gegenüber sich über Ihre Unnachgiebigkeit beschwert. Wie oft hat es aus seiner Sicht Recht, aber Sie haben keine Möglichkeit, ihm entgegenzukommen. Ein Geschäftspartner zeigt kein Entgegenkommen und hält Ihre Forderungen für unbillig. Das ist die Stunde der Scheinzustimmung.

Sie geben Ihrem Gegner etwas, ohne sich in der Sache etwas zu vergeben

- *„Ja, für Sie mag das so aussehen.* ***UND*** *... ist doch ...“*
- *„Von Ihrer Warte aus gesehen, haben Sie sicherlich Recht.* ***UND*** *doch ...“*
- *„Sie sehen das gewiss mit Recht so.* ***UND*** *doch ...“*

Wichtig ist hier, keine Sätze zu verwenden, in denen Wörter wie *„aber“*, *„dennoch“*, *„trotzdem“* etc. vorkommen, die gewissermaßen reflexhaft den Widerstand Ihres Gegenübers wecken und so die Wirkung der Scheinzustimmung schmälern würden. Nutzen Sie daher besser ein neutrales *„und“*, um zu Ihrem eigenen Standpunkt überzuleiten.

Nutzen Sie ein neutrales „und“, um zu Ihrem eigenen Standpunkt überzuleiten

Aber Vorsicht – geben Sie dem anderen nur da Recht, wo Sie es auch unbeschadet tun können, das heißt da, wo Ihre Interessen nicht verletzt werden. Geben Sie nicht in der Sache Recht, sondern bestätigen Sie dem anderen nur, dass er aus SEINER Sicht, aus SEINEM Blickwinkel, in SEINER Position Recht hat. Und das ist nicht, „in der Sache“ Recht zu haben.

Der Schwierigkeitsgrad dieser Strategie ist relativ gering, da Sie eigentlich nur Standardformulierungen brauchen. Damit sind Sie auch unter Schock noch reaktionsfähig.

ÜBUNG ZUR SCHEINZUSTIMMUNG

Und wie können Sie sich diese Strategie aneignen? Am besten legen Sie sich wieder einen Fundus von Standardformulierungen zurecht. Gehen Sie in einem zweiten Schritt diese Formulierungen daraufhin durch, ob es Zustimmungen in der Sache sind oder scheinbare Zustimmungen. Wenn Sie sich nicht sicher sind, sprechen Sie sie mit einem Freund, Kollegen oder Bekannten durch. Eine sachliche und eine scheinbare Zustimmung unterscheiden zu können, ist sehr wichtig für den Einsatz in der Praxis, da damit auch rechtliche Ansprüche verbunden sein können.

7.3.2.2 DIE EMPATHISCHE ZUSTIMMUNG

Sie arbeiten nicht mit Standardformulierungen

Diese Strategie ist eine anspruchsvollere Variante der Scheinzustimmung. Anspruchsvoller deshalb, weil Sie nicht, wie eben noch, mit Standardformulierungen arbeiten, sondern sich sozusagen „in die Schuhe des anderen" stellen, sich also in seine Lage versetzen. Auch diese Strategie besteht aus zwei Schritten:

1. Sie zeigen Ihr Verständnis und/oder Mitgefühl
2. Sie beharren auf Ihren Forderungen, Wünschen ...

Nutzen Sie die Zustimmung mit Beharrlichkeit bei wichtigen Gesprächen oder Verhandlungen. Sie werden diese Strategie auch sehr erfolgreich einsetzen können, wenn Sie mit Beschwerden zu tun haben oder Forderungen zurückweisen müssen. Bügeln Sie einen Angriff oder Ähnliches mit Verständnis ab und kommen Sie dann auf Ihren eigenen Wunsch oder Ihre Sache zurück.

Zeigen Sie dem Angreifer, dass Sie seine Sichtweise verstehen, und bleiben Sie beharrlich bei dem, was Sie wollen.

ÜBUNG ZUR EMPATHISCHEN ZUSTIMMUNG

Wiederholen Sie das, was der andere gesagt hat, mit eigenen Worten

Die empathische Zustimmung arbeitet mit der Technik des aktiven Zuhörens. Dabei wiederholt man das, was der andere gesagt hat, mit eigenen Worten. So signalisiert man sein Verständnis und schafft eine konstruktive Atmosphäre, ohne dabei die gegnerische Position zu akzeptieren.

- *„Ich kann lebhaft nachvollziehen, dass Sie unter diesen Umständen die Absatzzahlen positiv beurteilen ... **UND** ich brauche noch ..."*
- *„Sie meinen also, dass wir gut daran tun, unseren Außendienst in ein Rhetoriktraining zu schicken ... **UND** ich möchte ..."*
- *„Ich verstehe Sie also richtig, dass Sie verärgert sind, weil Sie schon dreimal vergeblich hier angerufen haben ... **UND** ich werde ..."*

7.3.2.3 RÜCKFRAGE

Gewinnen Sie Zeit, indem Sie Ihrem Gegner den Ball zurückspielen

Die Rückfrage ist eine wunderbare Standardstrategie. Sie braucht extrem wenig Energie, zwingt Ihr Gegenüber zum Handeln und gibt Ihnen, wenn Sie nach einem möglichen Schock wieder aktionsfähig sind, anschließend die Möglichkeit, den Angriff zu bewerten.

Vor allem aber verhindert die Rückfrage, dass Sie auf lediglich „Eingebildetes" reagieren. Das ist eine besonders häufige Gefahr für Redner und Präsentatoren. Sie hören einen Zuruf aus dem Publikum und interpretieren ihn als Angriff oder Einwand. Dabei ist das oft gar nicht der Fall. Hier hilft die Rückfrage, weil Sie mit ihrer Hilfe das Gesagte wiederholt bekommen und es auch mit voller Aufmerksamkeit und vollem Bewusstsein aufnehmen, verstehen und bewerten können.

WIE FUNKTIONIERT DIE RÜCKFRAGE?

Wenn Sie mit einem Angriff oder Übergriff konfrontiert werden, fragen Sie kurz nach, weil oder als ob Sie das Gesagte nicht richtig verstanden haben/hätten:

- *„Wie bitte?"*
- *„Könnten Sie das nochmal wiederholen?"*
- *„Entschuldigung, ich glaube, ich habe das nicht richtig verstanden ...?"*

Setzen Sie Ihr Gegenüber unter Zugzwang

Damit setzen Sie Ihr Gegenüber unter Zugzwang. Jetzt muss es sich äußern, sich überlegen, was es da gesagt und welche Konsequenzen eine Wiederholung hat. Meist wird ihm dann warm.

Ihr Kontrahent kann nun einen Rückzieher machen: *„Ach, nichts ...“*, sich ein Schlupfloch suchen: *„Ich meinte damit eigentlich ...“* oder seinen Übergriff unverändert wiederholen. Im Falle der ersten beiden Varianten müssen Sie sich nicht weiter bemühen, Sie haben ja schon gewonnen, der andere hat einen Rückzieher gemacht.

Eine weitere Reaktion ist nur bei Variante drei notwendig. Und das ist eine leichte Übung. Ein gelassenes „Mit-den-Achseln-Zucken", ein mildes Kopfschütteln und eine Bemerkung wie: *„Aber darauf muss ich ja jetzt nicht reagieren, oder ...?"* reichen völlig. Eine Bosheit zu wiederholen disqualifiziert nach unseren Höflichkeitsmaßstäben ihren Urheber von selbst. Da muss man jemanden gar nicht mehr schlagen wollen, denn damit hat er sich schon selbst geschlagen.

Bei dieser Strategie ist der Tonfall extrem wichtig

Achtung: Bei dieser Strategie ist der Tonfall extrem wichtig! Bleiben Sie ruhig, sanft und gelassen. Werden Sie nicht schnippisch, dann würden Sie getroffen wirken und der Gegner hätte sein Ziel erreicht.

7.3.2.4 Die entgiftende Gegenfrage

Bei vielen Übergriffen werden wir ja unsachlich kritisiert, mit Vorwürfen konfrontiert oder das Gegenüber unterstellt uns einfach etwas: *„Das ist Unsinn." „Sie kommen immer zu spät!" „Ihre Zahlen sind in keiner Weise fundiert ...?"*

In Fällen unsachlicher Kritik nachfragen

Genau in diesen Fällen unsachlicher Kritik ist die entgiftende Gegenfrage sinnvoll, denn selten ist die ganze Aussage unsachlich und übel, sondern meist geht es um einzelne Worte, die die Saat des Bösen bilden. Mit der entgiftenden Gegenfrage picken Sie das „giftige" Wort, das Sie verletzt oder trifft, heraus und hinterfragen es:

- *„Was genau meinen Sie mit ‚Unsinn'?"*
- *„Wieso sagen Sie ‚immer'?"*
- *„Wie soll ich ‚in keiner Weise' verstehen?"*

Mit dieser Vorgehensweise halten Sie im übertragenen Sinn die verletzenden Worte auf Abstand und geben Ihrem Gegenüber gleichzeitig eine Chance, doch noch sachlich zu werden. Deshalb: Fragen Sie den Angreifer einfach, was seine unsachlichen Einwürfe bedeuten.

Zwingen Sie Ihr Gegenüber dazu, Stellung zu beziehen

Ähnlich wie bei der Rückfrage zwingt das Ihr Gegenüber dann dazu, Stellung zu beziehen und seinen Aussagen Substanz zu geben. Meist kann er genau das aber nicht. Damit haben Sie meist schon gewonnen. Das merken Sie auch oft daran, dass derjenige das Thema wechselt oder anfängt herumzudrucksen.

Nicht in Vorträgen oder Diskussionsrunden und nicht bei „Unzurechnungsfähigen"

Vorsichtig sollten Sie mit dieser Strategie sein, wenn Sie sich in Reden, Vorträgen oder Diskussionen befinden. Denn dann stehen Sie oft unter Zeitnot und der andere kann Ihnen wirksame Minuten stehlen. Deshalb ist in solchen Fällen oft das schlichte „Ignorieren" sinnvoll. Gleiches gilt, wenn Sie es mit einem Aggressor zu tun haben, der „außer sich" ist. In diesem Zustand, z.B. bei einer Beschwerde, ist ein Mensch oft nicht mehr rational ansprechbar. Er will nur noch Dampf ablassen. Hier können Sie mit der entgiftenden Gegenfrage ebenfalls nichts erreichen. Sie wollen ja den Verstand des anderen ansprechen, der hier aber zeitweilig außer Kraft gesetzt ist.

Diese Strategie ist nicht so ganz einfach, weil sie von uns inneren Abstand zu den Übergriffen verlangt. Gerade das fällt meinen Teilnehmern oft schwer. Sie filtern die „giftigen Worte" oft nur mit Mühe heraus, weil sie sich betroffen fühlen. Das braucht also ein wenig Übung.

Auch hier gilt es, auf Tonfall und die körpersprachliche Begleitmusik zu achten. Am besten wirkt die entgiftende Gegenfrage, wenn Sie sie mit einem Hauch leiser Verwunderung oder Überraschung versehen. Bleiben Sie im Zweifelsfall sachlich. Werden Sie auch hier nicht zickig, schnippisch oder spitz.

Die Frage mit einem Hauch leiser Verwunderung oder Überraschung versehen

Übung zur entgiftenden Gegenfrage

Die entgiftende Gegenfrage müssen Sie in zwei Schritten üben. Zunächst brauchen Sie Standardformulierungen, mit denen Sie nach dem „giftigen" Wort fragen. Welche fallen Ihnen ein?

Dann kommt Übungsschritt zwei, es gilt, das „giftige" Wort aus dem Vorwurf, der Unterstellung oder der unsachlichen Kritik herauszufiltern. Erst dann können Sie ja danach fragen. Verfolgen Sie Auseinandersetzungen, Diskussionsrunden, Debatten etc. Wo versteckt sich jeweils das giftige Wort?

7.3.3 Die dritte Stufe der Schlagfertigkeit: Die Perspektive wechseln

Im Rahmen dieser Strategien geht es darum, im übertragenen Sinn eine andere Perspektive einzunehmen. Immer wenn wir mit Unfairness konfrontiert werden, richten wir uns nach dem Maßstab oder Bewertungssystem eines anderen. Genau das unterlaufen wir mithilfe dieser Strategien. Wir etablieren einen eigenen Maßstab und setzen ihn sozusagen dem des Kontrahenten entgegen.

Dem Kontrahenten den eigenen Maßstab entgegensetzen

Wenn z.B. jemand behauptet: *„Das ist grün"* und wir sind anderer Ansicht, sagen wir normalerweise etwas wie: *„Nein, ist es nicht, es ist türkis ..."* und lassen uns schlimmstenfalls auf eine Endlosdiskussion ein (*„Doch, es ist grün!"*). Im Falle des Perspektivwechsels verlassen wir die Ausgangsebene Farbe und fragen beispielsweise: *„Warum ist Ihnen das denn wichtig?"* oder *„In welchem Zusammenhang wollen Sie diese Farbe denn verwenden?"* Wir verlagern den Disput so auf eine höhere Ebene und umgehen eine argumentative Pattsituation, in der es nur noch darum geht, Recht zu behalten.

Ein anderes Beispiel: Kürzlich war ich zu einem Training in einem kleinen Institut, wo man umfassende Ausbauten und Renovierungen plante. Auf die Frage, welche der beiden zur Disposition stehenden Farben Gelb oder Terrakotta ich denn für besser hielte, war meine Reaktion: *„Welches sind denn Ihre Unternehmensfarben? Ich würde die Raumgestaltung darauf abstellen …“*

Ungefähr so funktioniert die Strategie des Perspektivwechsels. Fragen Sie nach der Verwendung, dem Zweck, den Zielen – kurz, verlagern Sie die Diskussion auf eine andere Ebene, die Ihnen für den Austausch sachhaltig-konstruktiver Argumente besser geeignet scheint.

Zu den Strategien des Perspektivwechsels zähle ich vier:
- Die Umdefinition
- Die Interpretation
- Das Kompliment
- Die sachliche Feststellung

7.3.3.1 Die Umdefinition

Diese Strategie eignet sich besonders in den Fällen, in denen Sie unfair charakterisiert werden: *„Musst du immer so stur sein?“* Oft machen uns solche Übergriffe ja mundtot. Doch wenn Ihre Argumente nur Ausdruck von Sturheit wären, hätten sie in der Tat keine sachliche Substanz. Also: Verteidigung ist angesagt – doch wie wehrt man sich dagegen?

Eine negative Aussage positiv umdefinieren

Ganz einfach: Sie weisen die „giftige“ Charakterisierung nicht etwa weit von sich, weil dann lediglich Meinung gegen Meinung stände, sondern greifen sie auf und definieren sie in Ihrem Sinne, nämlich positiv, um: *„Wenn du damit meinst, dass ich beharrlich bin und meine Meinung nicht so schnell ändere wie manche, hast du sicher Recht …“*

Damit schlagen Sie normalerweise zwei Fliegen mit einer Klappe. Sie entkräften die Charakterisierung des anderen nicht nur, sondern setzen auch gleichzeitig einen substanziellen Punkt. Sie arbeiten nicht mehr nur schlagfertig, sondern schon argumentativ. Damit wirken Sie bei Dritten, aber auch bei Ihrem Gegenüber bedacht und wohl überlegt. Das beeindruckt und hindert Ihre Kontrahenten dann in der Zukunft oft, sich noch einmal in dieser Weise mit Ihnen anzulegen, weil Sie nicht so leicht zu verwirren sind.

Gleichzeitig erfordert dies aber auch Ihre Denkfähigkeit. Diese Strategie ist also nicht unbedingt empfehlenswert, wenn Sie bei Übergriffen schnell zu verwirren sind oder wenn Sie unter Schock stehen.

Übung zur Umdefinition

Wenden Sie negative Charakterbeschreibungen ins Positive

Diese Technik können Sie leicht üben. Sicherlich hat man Ihnen schon die eine oder andere negative Charakterisierung vorgeworfen? Tragen Sie solche Charakterisierungen in eine Tabelle ein und überlegen sich Synonyme zu dieser unfreundlichen Charakterisierung. Sie können hier auch in einem entsprechenden Lexikon (Synonym-Lexikon, Wörterbuch der deutschen Sprache ...) fündig werden. Das macht Ihnen für den Anfang das Leben leichter. Beginnen Sie einfach mit den Charaktereigenschaften, die Sie schmerzen, wenn man sie Ihnen zuschreibt, oder mit denen, die man Ihnen schon öfter vorgeworfen hat.

Unter den gefundenen ähnlichen Bezeichnungen suchen Sie sich dann einfach jene aus, die Ihnen am besten gefallen oder aber in einer absehbaren Situation die größte Wirkung entfalten könnten.

Negativ-Charakterisierung	Positive Alternativen / Synonyme
stur/engstirnig/eigensinnig	konsequent, geradlinig, beharrlich, zielbewusst ...
zögerlich/lahm	überlegt, reflektiert, konsequenzenbewusst ...
vorschnell/oberflächlich	spontan, zupackend, risikofreudig ...

7.3.3.2 Die Interpretation

Kontert im Falle von Unterstellungen

Diese Strategie ist eine Variation der Umdefinition. Während diese vor allem die Zuschreibung negativer Charakterisierungen und Eigenschaften kontert, begegnet die Interpretation den weiteren verletzenden Übergriffen, insbesondere Unterstellungen. Unterstellungen machen uns mundtot, verletzen, erregen in uns ein schlechtes Gewissen. In diesen Fällen greifen Sie zur Strategie der Interpretation.

Ich möchte Ihnen das an einem historischen Beispiel zeigen: Der Freiheitskämpfer und Abgeordnete der Frankfurter Nationalversammlung Robert Blum wurde 1848 von politischen Gegnern in der Paulskirche angegriffen: „... *Ihre Partei ist eine Partei der Wühlarbeit*“ ...! Seine Antwort: „*Diese Partei lässt sich den Vorwurf der Wühlerei gerne gefallen; sie hat gewühlt ein Menschenleben lang und Sie säßen nicht hier, wenn nicht gewühlt worden wäre.*“

Ein anderes Beispiel kursiert schon seit Jahren als Beispiel für die Macht des Interpretierens. Es geht um den Besuch John F. Kennedys 1963 in Berlin. Sie könnten dieses Ereignis auf völlig unterschiedliche Art und Weise kommentieren:

- Als John F. Kennedy Berlin besuchte, verkündete er zum Beweis seiner Solidarität mit der eingeschlossenen Stadt, er sei ein Berliner.
- Als John F. Kennedy Berlin besuchte, behauptete er doch tatsächlich, er sei ein Berliner.

Die Interpretation kann über ein Wort, ein Bild oder ein praktisches Beispiel erfolgen.

- Schildern Sie Beweggründe.
- Benennen Sie Fakten.
- Arbeiten Sie mit Synonymen und Umschreibungen.

Die Interpretation ermöglicht Ihnen viele Reaktionsmöglichkeiten, ist aber zugegebenermaßen nicht ganz einfach. Eine bösartige oder sinnentstellende Bemerkung sticht nicht mehr, weil Sie sie in einen anderen, in Ihrem Sinne positiven Kontext kleiden.

Die Aussagen des anderen nicht in bösartiger Art und Weise interpretieren

Als Faustregel für die Kunst der non-aggressiven Schlagfertigkeit gilt, dass Sie die Aussagen des anderen nicht in bösartiger Art und Weise interpretieren. Das wirkt provokativ und gehört zu den Stilelementen der unfairen Dialektik. Stellen Sie die Aussage Ihres Kontrahenten in einen positiven, erhellenden Kontext, dann punkten Sie.

Ein Tipp noch zur Anwendung dieser Strategie. Sie hat starke Parallelen zu einer Unschuldsbeteuerung. Deshalb ist auch hier wichtig, wie Sie Ihre Interpretation präsentieren. Bleiben Sie ruhig. Buhlen Sie nicht darum, dem anderen glaubwürdig zu erscheinen. Signalisieren Sie: „*Es ist so und nicht anders ...*“ Falls Sie Gefühle nicht unterdrücken können, ist Nachdruck im

Sinne einer Empörung besser als „Flehen". Aber gelassene Sachlichkeit wirkt immer gut.

Nehmen wir an, man unterstellte Ihnen mit dem bekannten Unterton, sich einschleimen zu wollen: *„Sie sind ja auch bloß so einer, der mit dem Chef Golf spielen geht!"* Setzen Sie doch dieser bösartigen Unterstellung Ihre positive Interpretation entgegen: *„In der Tat, ich habe auch privat ein wirklich ausgesprochen gutes Verhältnis zu meinem Chef!"*

WIE GEHT MAN VOR?

Das Beste und Einfachste ist, sich nicht auf die bösartige Auslegung eines anderen zu konzentrieren. Besinnen Sie sich auf Ihre eigenen Motive und Beweggründe. Gut ist es, einen Moment innezuhalten und dann erst die eigene Darstellung des Sachverhaltes zu präsentieren. Das gibt Ihnen die Gelegenheit zum Nachdenken, was Sie z.B. wirklich bewegt hat, so und nicht anders zu handeln.

Nutzen Sie entstehende Gesprächspausen

Außerdem hat dies bewusst langsame Vorgehen den Vorteil, dass Sie den anderen in seinen Darstellungen, die ja oft emotional sind, unterbrechen. Sie nutzen die Gegebenheit, dass der andere, nachdem er sich durch seinen Ausfall gewissermaßen abreagiert hat, nach einer Weile ohnehin zu einem Punkt oder einer Gesprächspause kommt. Erst wenn diese Pause erreicht ist, sprechen Sie und treffen dann in der Regel auch auf einen zuhörbereiten Gesprächspartner oder ein erwartungsbereites Publikum. So erzielen Sie die größte Wirkung mit Ihrer Interpretation.

Kurz: Wenn Sie Ihre Replik starten, bleiben Sie sachlich und beherrscht und nutzen Sie eine Gesprächspause, das erhöht die Aufmerksamkeit und damit die Wirkung Ihrer Worte.

ÜBUNG ZUR INTERPRETATION

Die Interpretation können Sie auf drei Arten üben: Zum einen sollten Sie beginnen, sich bei Entscheidungen öfter einmal zu fragen, warum Sie etwas so und nicht anders machen. Warum Sie jetzt diese und nicht eine andere Marke kaufen ... Das ist übrigens auch im Beruf im Zusammenhang mit der Entscheidungsfindung oder dem Zeit- und Aufgabenmanagement eine nützliche Technik. Sie braucht in der Regel nicht viel Zeit, aber man gewöhnt sich im Laufe der Zeit an, Dinge bewusster zu tun und Entscheidungen bewusster zu treffen. Und nur wenn Sie

Werden Sie sich Ihrer Motive klar

Ihre Motive kennen, können Sie sie auch offenlegen und als Kontrapunkt zu der Interpretation eines anderen schildern. Das lässt Sie dann bedacht wirken. Diese Form der Interpretation folgt für mich der Devise „Motive offenlegen".

In die gleiche Richtung geht eine weitere Form der Interpretation: „Fakten schildern". Dabei üben Sie lediglich, ein Ereignis oder einen Ablauf zu schildern, und das möglichst ohne Wertung. Fangen Sie dazu einfach an, Räumlichkeiten zu beschreiben. Drehen Sie sich um 90° und beschreiben Sie, was Sie sehen. Es ist nützlich, so etwas aufzuschreiben, um es dann auf Wertungen hin prüfen zu können. Wenn wir etwas nur vor uns hinsprechen oder in Gedanken aufzählen, sind uns die Bewertungen, die wir machen, meist nicht bewusst. Diese werden uns erst bewusst, wenn wir etwas „schwarz auf weiß" vor Augen haben. Gehen Sie dann dazu über, Ereignisse zu beschreiben. Eine kurze Szene, die Sie auf der Straße sehen oder die Sie gerade erlebt haben. Das ist schon schwieriger, denn hier können Sie nicht noch einmal hingucken. Aber genau diese Fähigkeit brauchen Sie beim „Fakten schildern".

Einen Sachverhalt in eigenen Worten wiedergeben

Die dritte Form der Interpretation ist, einen Sachverhalt oder ein Argument interpretierend und erläuternd darstellen, kurz, es in eigenen Worten wiederzugeben. Das können besonders gut Zeitungsleser üben. Nehmen Sie eine Zeitung und geben Sie eine Meldung, einen Bericht oder einen Kommentar ausschnittsweise in eigenen Worten wieder. Spielen Sie etwas mit dem Text, tauschen Sie Wörter aus, stellen Sie Sätze um, variieren Sie zeitliche Reihenfolgen und Sie werden erstaunt sein, wie sich der Text und damit das Verständnis der Situation verändert.

7.3.3.3 Das Kompliment

Das Kompliment arbeitet, wie der Name schon sagt, durchaus mit einer Form der Schmeichelei. Das Prinzip kennen Sie schon lange: Man umarmt seinen Gegner voller Freundlichkeit und indem Sie die Arme um ihn schlingen, machen Sie ihn bewegungsunfähig. Konkret heißt das: Sie setzen einen Angreifer schachmatt, indem Sie ihn bewundern und/oder loben.

Setzen Sie einen Angreifer schachmatt, indem Sie ihn bewundern und/oder loben

Vielen meiner Teilnehmer gefällt diese Strategie anfangs nicht besonders, denn sie haben das Gefühl, lügen zu müssen, und gerade bei einem unangenehmen Zeitgenossen fällt es schwer, diesem auch noch Komplimente zu machen.

Doch erstens hat noch der unangenehmste Vertreter etwas an sich, dass Sie anerkennen können, und zweitens mildert es Ihre Ressentiments gegen ihn, wenn Sie nach etwas Anerkennenswertem suchen.

Na, und nicht zu vergessen, das Kompliment hat auch eine durchaus ironische Note. Sie könnten milde bleiben: *„Sie wissen es einfach besser als ich"*, oder eindeutig ironisch werden und den Widersacher vermeintlich auf ein Podest stellen: *„Sie sind mir haushoch überlegen."*

Das Kompliment hat auch eine durchaus ironische Note

Mir liegt aber wenig daran, mich zu revanchieren, ich suche – und das empfehle ich auch Ihnen – Gesprächs- und Kooperationsfähigkeit. Deswegen lenke ich den Blick nicht auf das, was mich stört, sondern unterstelle dem anderen gute Gründe für seine Meinung oder sein Handeln ... Sicherlich, jetzt, in diesem Zusammenhang mag ich anderer Ansicht sein und sein Widerstand in der Sache mag mich stören. Aber ich erkenne die jeweils subjektiven Umstände des anderen an und wechsele meine Perspektive. So kann ich ihm ernsthaft und glaubwürdig ein Kompliment machen und uneingeschränkte Anerkennung ausdrücken.

Dies bewirkt in der Regel auch bei meinem Kontrahenten etwas. Wir beide halten einen Moment inne, nehmen Druck heraus und verändern beide unsere Perspektive. Das macht das Gespräch in der Regel „weicher" und wir haben eher die Möglichkeit, zu einer Einigung zu kommen, oder aber mehr Verständnis für einander zu entwickeln, auch wenn wir nicht zu einer Übereinkunft kommen.

- *„Man merkt, da spricht langjährige Erfahrung ..."*
- *„Sie kennen sich da sehr gut aus ..."*
- *„Ich bewundere Ihre bildhafte Sprache ..."*

Je übertriebener Sie loben, desto härter wirkt diese Strategie. Aber werden Sie nicht zu deutlich ironisch, denn dann weiß der andere nicht, wie er Ihr „Kompliment" verstehen soll, und Sie können das Moment der Verunsicherung für sich nutzen. Offene Ironie, eindeutiger Sarkasmus oder zu offenkundige Übertreibungen wirken hier in der Regel eher kontraproduktiv. Dann haben Sie es dem anderen vielleicht für den Moment gezeigt, doch Ihren Zielen tut das nicht gut.

Und Sie sollten noch eines im Zusammenhang mit dieser Strategie bedenken: Die charmanteste Art, dem Gegner die Zähne zu zeigen, ist ein Lächeln. – Nur wenig ist schöner und

Die charmanteste Art, dem Gegner die Zähne zu zeigen, ist ein Lächeln

befriedigender als einem Aggressor eine Beleidigung „um die Ohren zu hauen", die er für ein Kompliment hält.

Übung zum Kompliment

Komplimente zu machen können Sie üben, indem Sie zwei Techniken miteinander kombinieren:

- Beobachten Sie Ihren Gesprächspartner: Spricht er flüssig? Hat er viele Argumente? Ist er erregt? Nehmen Sie diese Beobachtungen als Ausgangspunkt und interpretieren Sie sie positiv:
- Er oder sie ist beredt. Er oder sie hat gute Gründe. Er oder sie hat bestimmt lange über diesen Sachverhalt nachgedacht. Er oder sie ist engagiert.

Sie sehen also, Komplimente zu machen, ist gar nicht so schwer.

7.3.3.4 Die sachliche Feststellung

Thematisieren Sie das Befinden oder Anliegen Ihres Aggressors

Die sachliche Feststellung ist eine Schlagfertigkeitsstrategie, die eigentlich dem aktiven Zuhören entspricht. Sie modifiziert diese Kommunikationsform allerdings. Sie ist besonders geeignet, weil sie uns in zweierlei Hinsicht hilft, ruhig zu bleiben und uns nicht betroffen zu fühlen: Sie lenkt den Blick weg von der Beleidigung oder Unfairness auf das Befinden oder das Anliegen Ihres Aggressors.

Konzentrieren Sie sich auf den Zustand Ihres Gegners. Spiegeln Sie ihm dann z.B. seinen Zustand, aber kurz und nüchtern:

- *„Sie sind ganz schön verärgert."*
- *„Sie beschweren sich."*
- *„Ihnen liegt viel daran."*

Sie bringen Ihren Angreifer zum Reden

Die sachliche Feststellung funktioniert gewissermaßen wie eine Umleitung und bringt im Idealfall Ihren Angreifer zum Reden. Sie hilft Ihnen, den Angriff nicht persönlich zu nehmen und entsprechend unüberlegt zu reagieren, weil Sie sich auf den Zustand Ihres Gegners konzentrieren.

So halten Sie eine Anklage oder Verurteilung auf Distanz und das tut sowohl Ihnen als auch Ihrem Gegenüber gut. Sie reagieren nicht getroffen und Ihr Gegenüber fühlt sich in seiner Befindlichkeit ernst genommen. Besonders wirkungsvoll ist die sachliche Feststellung bei unsachlicher Kritik, Vorwürfen oder Nörgeleien.

ÜBUNG ZUR SACHLICHEN FESTSTELLUNG

Versuchen Sie, an anderen beobachtete emotionale Zustände schriftlich zu beschreiben.

7.3.4 Die vierte Stufe der Schlagfertigkeit: Entschleierungsstrategien

Ihr Gegenüber ist unfair? Ihr Gegenüber schlägt unter der Gürtellinie zu? Ihr Gegenüber verliert die Fassung? Oder weicht Ihr Gegenüber vielleicht vom Thema ab und wird unsachlich?

Emotionen, Verhalten und Strategie des anderen werden thematisiert

Die Entschleierungstechniken setzen sich mit dem, was in diesen und ähnlichen Fällen passiert, auseinander. Sie benennen, wie es dem anderen geht oder was er (mit Ihnen) tut. Sie sind – bis auf das Differenzieren – härter als die anderen Schlagfertigkeitsstrategien. Und deshalb brauchen sie, vor allem die Konfrontation, viel Mut und sollten sehr bedacht und sehr dosiert eingesetzt werden.

Die Unfairness benennen

Entschleierungen thematisieren, was Ihr Kontrahent mit Ihnen und auch der vielleicht vorhandenen Gruppe macht, bringen seine Unfairness auf den Punkt. Daher sind sie durchaus konfrontativ und das muss man auch aushalten können. Weil Sie vielfach schlecht wieder zurückrudern können und oft ein unbefriedigendes Gefühl bleibt, sollten Sie insbesondere die Konfrontation erst am Ende einer Eskalation einsetzen.

Zu den Entschleierungsstrategien gehören:
- Differenzieren
- Klartext sprechen
- Die Konfrontation

7.3.4.1 DIFFERENZIEREN

Das Differenzieren ist eine Strategie, bei der Sie Ihre Aufmerksamkeit bewusst von der Gedankenschiene weglenken, auf die Sie ein Aggressor ansetzt. Insbesondere, wenn er sich in einem Gespräch in Bedrängnis fühlt oder ihm die Argumente ausgehen, möchte er Sie meist auf andere Gedanken als jene bringen, die Sie zu Ihrem Ziel führen.

Lassen Sie sich nicht auf „Nebenkriegsschauplätze" lenken

In der Regel eröffnet er dann einen so genannten „Nebenkriegsschauplatz“. Darauf lassen Sie sich aber nicht ein. Sie fragen (sich) in solchen Fällen mit Recht, was das mit dem Thema zu tun hat bzw. wie wichtig das ist.

Otto von Bismarck z.B. antwortete, als er einmal angegriffen wurde, in diesem Sinne: *„Das hat nichts mit der Sache zu tun. Ich könnte ein viel üblerer Mensch sein, als ich bin, und doch sachlich Recht haben."* Sie könnten auch sagen: *„Das ist ein Nebenkriegsschauplatz."*

Anschließend kehren Sie, möglichst nach einer kurzen Wirkpause, zum Thema zurück.

Sehr gut wirkt diese Strategie auch in Verbindung mit einer stummen Geste. Ein langer strenger oder kritischer Blick erzielt als Begleitung nachhaltige Wirkung.

Thematisieren Sie eine Metaebene

Thematisieren Sie gewissermaßen eine Metaebene, bei der es nicht länger um die Sache, sondern um Verlauf und Richtung der Auseinandersetzung geht:

- *„Was hat das mit unserem Thema zu tun?"*
- *„Wie wichtig ist das? Was sollte vorrangig besprochen werden?"*
- *„Bringt uns das unserem Ziel näher?"*

Übung zum Differenzieren

Auch im Eifer des Gefechts das Wesentliche nicht aus den Augen verlieren

Das Differenzieren braucht vor allem Aufmerksamkeit. Sie müssen Sachverhalte auch im Eifer eines Gefechts erkennen können. Wie gelingt Ihnen das? Ihren Blick können Sie schärfen, indem Sie Diskussionen Dritter beobachten. Dazu bieten sich die Angebote im Fernsehen an.

Daneben lohnt sich eine Sammlung mit entsprechenden Feststellungen, die Sie sich in aller Ruhe im stillen Kämmerlein zurechtlegen können. Notieren Sie sie ähnlich wie schon bei der stummen Geste beschrieben.

7.3.4.2 Klartext sprechen

Sprechen Sie kurz und präzise an, was Sie verletzt oder ärgert

Mit „Klartext sprechen" kommen wir zu den härteren, konfrontativen Strategien. Damit diese Strategie optimal wirkt, braucht auch sie eine ruhige, gelassene Ausstrahlung. Sprechen Sie kurz und präzise an, was Sie verletzt oder ärgert. Steigen Sie bewusst aus dem Gesprächsfluss aus, legen Sie eine Pause ein und machen Sie sich – wenn möglich – etwas größer. Seien Sie ernst, damit man spürt, dass es Ihnen ernst ist.

Klären Sie gegebenenfalls die Spielregeln

Wenn es um etwas Wichtiges geht, akzeptieren Sie keine Sprüche und Sticheleien und machen Sie auch selber keine. Benennen Sie, was Ihr Gegenüber gerade tut, und klären Sie gegebenenfalls die Spielregeln.

Ihre Reaktion sollte zu einer spürbaren Veränderung führen. Dann haben Sie Ihr Ziel mit dieser Strategie erreicht. Der andere sollte in der Folge sein Verhalten ändern.

Ihre Reaktion sollte zu einer spürbaren Veränderung führen

- *„Diese Bemerkung greift mich persönlich an!“*
- *„Hören Sie bitte mit diesen Sticheleien auf!“*
- *„Jetzt werden Sie unsachlich!“*

Sie müssen übrigens nach einer Verhaltensänderung nicht freundlich werden und können durchaus auch kühl bleiben. Das hängt von der Schwere der Unfairness Ihres Gegners ab.

Diese Strategie hinterlässt übrigens in der Regel kein gutes Gefühl, wie so manche andere Schlagfertigkeitsstrategie. Ich empfinde es immer als grimmige Entschlossenheit und Vorsicht, was ein „Klartext“ bei mir hinterlässt.

ÜBUNG ZUM KLARTEXT-SPRECHEN

Für den Klartext müssen Sie genau beobachten, was Ihr Gegenüber gerade macht. Beobachten Sie seine Aktionen und Vorgehensweisen. Auch hier ist es wichtig, sachlich und neutral zu bleiben, sowohl in der Präsentation als auch in der Wortwahl. Differenzieren Sie:

- Handelt es sich um eine Beleidigung?
- Handelt es sich um eine Unsachlichkeit?
- Handelt es sich um ständige Unterbrechungen?

Je exakter Sie die Aktionen Ihres Kontrahenten beschreiben können, desto weniger kann er oder können andere Ihre Reaktion als Voreingenommenheit abtun. *„Sie haben mich jetzt bei jedem meiner letzten sieben Sätze unterbrochen. Hören Sie bitte damit auf“*, klingt objektiver als: *„Sie unterbrechen mich fortwährend. Lassen Sie das bitte.“*

Sie müssen nicht immer so präzise sein, aber im Zweifelsfall sollten Sie es sein können.

Und noch ein Tipp: Warten Sie nicht auf die Zustimmung des anderen. Sie müssen vor allem eines erreichen, eine sichtbare Veränderung seines Verhaltens.

7.3.4.3 DIE KONFRONTATION

Die Konfrontation ist eine Art erweiterter Klartext. Diese Strategie ist gar nicht kuschelig und arbeitet mit zwei Stufen. Im ersten Schritt formulieren Sie einen Klartext und dann folgt die eigentliche Konfrontation, die Forderung nach einer Entschuldigung.

Fordern Sie eine Entschuldigung

Ziehen Sie eine klare Grenze

Auch hier gilt: Ändern Sie Ihr Verhalten, und zwar deutlich! Zeigen Sie Autorität, werden Sie richtig streng. Auch hier ist die Reaktion des Angreifers nicht so wichtig. Wichtiger ist, dass Sie eine klare Grenze ziehen und deutlich machen, dass Sie sich so nicht mehr länger behandeln lassen.

- *„Sie haben mich beleidigt. Ich erwarte Ihre Entschuldigung!"*
- *„Sie können mich in der Sache kritisieren, aber Sie haben kein Recht, mich zu beleidigen. Ich erwarte Ihre Entschuldigung!"*
- *„Sie werden persönlich und ich erwarte Ihre Entschuldigung!"*

Auch Ihrer Umgebung muss deutlich werden, wogegen Sie sich wehren

Die Konfrontation ist härter als der Klartext und braucht auch eine entsprechend härtere Ausgangslage. Wenn Sie diese beiden Strategien einsetzen, sollte auch für mögliche Umstehende deutlich sein, dass da etwas passiert ist, wogegen Sie sich wehren. Sonst wird man Ihr Tun gerne abtun. Auch hier sollten Sie nicht auf die Reaktionen Ihres Gegenübers warten. Er muss nur anfangen, herumzudrucksen, leicht verunsichert oder irritiert zu werden. Dann haben Sie gewonnen.

Übung zur Konfrontation

Die Konfrontation sollten Sie genauso wie den Klartext üben. Sie müssen nur noch die Forderung nach einer Entschuldigung ergänzen. Sie macht den Unterschied.

7.3.5 Mit Charme und Esprit: Der schwarze Gürtel der verbalen Selbstverteidigung

Adam zu Eva: „Liebst du mich noch?" –
Eva: „Wen denn sonst?"

Stellen Sie sich das einmal für sich und Ihre/n Partner/in auf der sprichwörtlichen einsamen Insel vor. Ist das witzig? Ehrlich, ich fände diese Schlagfertigkeit ausgesprochen plump und wäre zutiefst gekränkt.

Dieser Witz bietet ein gutes Beispiel, worum es bei der höchsten Stufe der Schlagfertigkeit, der Witzfertigkeit geht. Die meisten Menschen, mit denen ich über das Thema Schlagfertigkeit rede, wollen genau das: Mit Witzen kontern und Lacher erzielen. Aber viele Witze, die wir da hören oder lesen, erzielen zwar oft Lacher, sind bei näherem Hinsehen aber vor allem eines: plump und verletzend.

Dementsprechend sollten Sie mit Witzen und Bonmots sehr vorsichtig umgehen. Im Zugabteil: *„Herr Schaffner, wann bitte kommt Frankfurt?“ – „Das kommt überhaupt nicht, da fahren wir hin!“*

Solche Dialoge sind – ehrlich gesagt – ähnlich überflüssig. Dass wir üblicherweise grammatikalisch unpräzise sprechen, ist uns doch allen bekannt. Jemanden in dieser Weise zu belehren und zu düpieren ist vielleicht witzig, aber ebenfalls deplatziert. Also verfallen Sie nicht solchen Verführungen.

Es geht nicht um einen Lacher um jeden Preis, sondern darum, mit Charme und Esprit zu reagieren

Wie also geht man am besten mit seinem inneren Wunsch um, einen Lacher zu platzieren? Eine Möglichkeit habe ich Ihnen schon präsentiert. Ich biete Ihnen in diesem Abschnitt nicht die Kunst der Heiterkeit oder die, Witze zu reißen an, sondern die Möglichkeit, mit Charme und Esprit zu reagieren und dabei auch – ab und zu – Lacher zu erzielen.

Viele der folgenden Strategien sind übrigens gar nicht weit weg von dem, was Sie bereits kennen gelernt haben. Oft werden bereits vorgestellte Strategien und Techniken nur – allerdings etwas anspruchsvoller – modifiziert.

Doch wenn Sie diese Strategien anwenden wollen, sollten Sie sich dessen bewusst sein, dass auch hier der „Ton die Musik macht“. Sie sollten Ihr Gegenüber nicht „der Lächerlichkeit“ preisgeben oder zum Gegenstand der allgemeinen Heiterkeit machen. Sie möchten das ja auch nicht sein. Deshalb möchte ich Ihnen vorab einige Grundregeln für non-aggressive, heitere Schlagfertigkeiten mit auf den Weg geben.

Grundregeln für den Einsatz heiterer, non-aggressiver Schlagfertigkeiten **PRAXIS**

1. Versuchen Sie nicht, den anderen zu treffen.
2. Verzichten Sie auf persönliche Bemerkungen.
3. Bleiben Sie sachlich, noch besser ist es oft, „sanft“ zu wirken.
4. Bewahren Sie Disziplin, Sie sollten jederzeit aufhören können.

5. Schlagfertigkeit soll dazu dienen, eine Atmosphäre nach Pannen, Peinlichkeiten oder Übergriffen zu entspannen, bewahren Sie das im Bewusstsein.
6. Distanzieren Sie sich von Machtspielen, machen Sie deutlich, dass es nicht darum geht zu gewinnen, sondern zu zeigen, dass man „sich versteht".
7. Wenn es notwendig ist, sollten Sie auch die Größe haben, sich zu entschuldigen.

Schauen wir, auf welche Weise Sie heiter punkten können. Ich selber sammele Schlagfertigkeiten in allen möglichen Formen, um daraus Systeme entwickeln zu können, die sich dann in die Praxis umsetzen lassen. Hier eine Auswahl gut nachvollziehbarer Strategien:

7.3.5.1 Teekesselchenstrategien

Spielen Sie mit der unterschiedlichen Bedeutung von Wörtern

In diesem Fall arbeiten Sie mit den verschiedenen Bedeutungen, die Wörter haben können. Sie kennen das sicherlich, heute verstehen die meisten von uns unter dem Begriff „Maus" eine Computermaus. Doch da gibt es ja noch die lebenden Mäuse, weiße Mäuse ... Mit diesen verschiedenen Bedeutungen spielt die Teekesselchenstrategie.

Ein junger Offizier soll in die Schreibstube versetzt werden. Bei der Vorstellung fragt ihn sein Kommandeur: „Wie viele Anschläge schaffen Sie in der Minute?" Der Soldat runzelt die Stirn: „Brauchen Sie einen Mitarbeiter oder einen Terroristen?"

Das Spiel mit bewussten Missverständnissen

Varianten der Teekesselchenstrategie spielen mit Missverständnissen.

„Was sind Sie denn eigentlich von Beruf?" – „Ich bin Topverkäufer bei einer bekannten Firma." – „Ach, interessant, und was für Töppe verkaufen Sie da?"

So wird hier aus dem Top der Topp, ein volkstümlicher Ausdruck für „Topf".

Eine andere Variation des Spiels mit Missverständnissen wird in dem folgenden Witz dargestellt:

Der Professor im Examen: „Wie viele Inseln gibt es im ägäischen Meer und wie heißen sie?" Die Antwort des Studenten: „Es gibt viele Inseln im Ägäischen Meer und ich heiße Schmidt."

Diese Variante liegt nicht jedem, denn sie verlangt, dass Sie sich dümmer stellen, als Sie sind. Sie spielen den Unbedarften. Das kann zum Thema und Gegenstand eines Spottversuchs Ihres Gegners werden. Darauf sollten Sie sich also einstellen. Der Vorteil dieser Strategie ist aber, dass zunächst eine Unterbrechung in das Gespräch gelegt wird. Das kann einen Aggressor aus dem Tritt bringen, Ihnen Zeit zum Überlegen verschaffen oder aber die Atmosphäre entkrampfen.

Diese Strategie braucht viel Wachsamkeit und Sprachgefühl, denn Sie müssen das angebotene Material in Sekundenbruchteilen sondieren und auf „Spielmöglichkeiten" hin abprüfen und diese dann auch noch sinnvoll nutzen.

Übung zur Teekesselchenstrategie

Üben Sie mit Wörtern, die mehrere Bedeutungen haben

Kennen Sie das gute alte Kinderspiel „Teekesselchen"? Das ist eine wunderbare Möglichkeit, diese Strategie zu üben. Nehmen Sie Wörter, die mehrere Bedeutungen haben. Spielen Sie – wenn Sie welche haben – mit Ihren Kindern. Dazu müssen Sie Zweierteams bilden. Immer zwei suchen einen Begriff, der zwei Bedeutungen hat. Dann beschreibt dieses Team abwechselnd die beiden Bedeutungen. Die anderen in der Gruppe sollen den gesuchten Begriff raten. Je mehr Hinweise gegeben wurden, desto weniger Punkte gibt es für den erfolgreichen „Rätsler".

Dies Spiel schärft Ihre Wahrnehmung für Doppeldeutigkeiten und schafft damit die Grundlage für die Teekesselchenstrategie.

Sie können dann die Tageszeitung als Vorlage nehmen. Prüfen Sie Artikel, ob sie Ihnen eine Vorlage für die Teekesselchenstrategie bieten. So haben Sie Spielmaterial schwarz auf weiß vor Augen und können sich die Zeit nehmen, um eine witzige oder einfach nur doppeldeutige Bemerkung aus den gefundenen Vorlagen abzuleiten.

Nicht unterschlagen will ich, dass es natürlich auch Standards gibt. Aber solche alten Vorlagen sind auch altbewährt und immer wieder „aufwärmbar".

7.3.5.2 Das übertriebene Detail

Mit dieser Strategie gehen Sie schlicht, aber übertrieben ins Detail. Damit ist diese Strategie ausgesprochen bequem, weil Sie sich nichts überlegen, ausdenken oder kombinieren müssen, Sie brauchen tatsächlich nur die Fakten anzuschauen und dann so detailliert zu benennen, dass Ihre Antwort eine eigene Note bekommt, häufig eine komische, aber sie kann auch heikel werden. Doch dazu später mehr. Schauen wir erst ein paar Beispiele an:

„Sagen Sie, Huber, wo waren Sie denn während Ihrer Woche Urlaub?“ – „Na ja, drei Tage im Stau und vier in Bayern!“

Im Grunde unnötige Details betonen und übertrieben herausstellen

Hier antworten Sie also so detailliert, wie Ihr Gegenüber es nicht erwartet hat. Es rechnet mit einer simplen Landes- oder Ortsangabe wie „Bayern“, „Oberammergau“... oder Ähnliches und erhält Details, die es im Idealfall irritieren. Im Falle eines Übergriffes eingesetzt, führen Sie Ihren Gegner so in die Irre und vermeiden es überdies, z.B. indiskrete Fragen beantworten zu müssen.

Eine andere Variante finden Sie in diesem Witz:

„Sabine, nenne mir sechs Dinge, in denen Milch enthalten ist!“ – „Butter, Käse und vier Kühe!“

Hier wird mit der eigenen Unwissenheit auch noch kokettiert. Eine Strategie, die z.B. im Beruf nützlich sein kann, wenn Daten nicht bekannt sind oder zum wiederholten Male nachgefragt werden. Aber – in dem Falle – sollten Sie wieder auf die körpersprachliche Begleitmusik achten, damit Sie nicht zickig und angenervt, sondern eher heiter und witzig klingen. So entfaltet die Strategie am ehesten ihre Wirkung.

Noch zwei weitere Beispiele möchte ich Ihnen präsentieren, um Ihnen weitere Spielarten dieser Strategie zu zeigen:

„Wenn ich ‚Strumpfhose‘ sage, ist das Einzahl oder Mehrzahl?“ – „Oben ist es Einzahl, unten ist es Mehrzahl!“

Hier wechselt der Antwortende übrigens gleichzeitig die Perspektive, indem er sich nicht auf die gemeinte grammatikalische Frage beschränkt, sondern ins Produktdetail gehend die Frage überdetailliert beantwortet.

Sie können diese Strategie nicht nur auf Wissensfragen anwenden, wie oben, sondern auch auf Sachverhalte, die Sie mit einem unerwarteten Fokus versehen:

„Sag, ist dir auch schon mal aufgefallen, dass bei der Wettervorhersage immer alles stimmt – nur das Datum nicht?“

ÜBUNG ZUM ÜBERTRIEBENEN DETAIL

Beschreiben Sie die Arbeitsgänge, die Sie gerade durchführen, in ein, zwei Sätzen und kombinieren Sie sie mit einem originellen, unpassenden Detail. Gestalten sie eine Sachbeschreibung korrekt, setzen hier aber ungewöhnliche Bezüge.

7.3.5.3 Der Praxistest

Sie kennen das vielleicht, da wird man mit unpassenden oder unangenehmen Fragen oder Aufgaben bedrängt. Da macht sich jemand über einen Fehler lustig oder lässt sich in unangenehmer und unhöflicher Weise darüber aus. Auch das sind Situationen, in denen man sich eine Ausweichmöglichkeit wünscht. Vielleicht ist es ja der Praxistest?

Ein Beispiel bietet folgender Witz:

„Mein Fräulein, was würden Sie sagen, wenn ich Sie jetzt küssen würde?" – „Nun, ich würde mich da in einer Situation befinden, die mir das Sprechen unmöglich macht!"

So kann das aussehen. Sie brauchen lediglich zu überlegen, welche (absurden oder unerwarteten) Auswirkungen der Vorschlag des anderen in der Praxis haben kann. Dieses Vorgehen ist durchaus nicht immer witzig, sondern gilt in der Mehrzahl der Fälle als eine argumentative Strategie, um Vorschläge auf ihre Möglichkeiten oder Unmöglichkeit hin zu prüfen und Schwächen aufzudecken. Sie kann in dieser Form aber auch als charmante Schlagfertigkeitsstrategie eingesetzt werden.

Überlegen Sie, welche (absurden oder unerwarteten) Auswirkungen etwas in der Praxis haben kann

Eine Variation finden Sie in dem folgenden Beispiel. Hier wird die Strategie, das Gesagte in die Praxis zu übertragen, wieder mit einem Perspektivwechsel verknüpft:

Klein Erna hat im Diktat das Wort „Tiger" kleingeschrieben. „Ich habe euch doch schon so oft erklärt", schimpft die Lehrerin, „dass man alles, was man anfassen kann, großschreibt!" Fragt Klein Erna: „Haben Sie denn schon mal einen Tiger angefasst?"

Natürlich hebt die Pädagogin auf den Unterschied zwischen realen, physischen Objekten und abstrakten Begriffen ab. Klein Erna, wechselt die Perspektive und malt die realen Auswirkungen dieses „physischen Grammatiktests" aus. Davor muss die Lehrerin verstummen: Gewinn nach Punkten.

Im englischen Parlament wurde über eine Gesetzesvorlage debattiert, die zum Inhalt hatte, in Hochverratsprozessen dem Angeklagten den Beistand eines Verteidigers zu erlauben. Lord Ashley, der die Vorlage begründen sollte, war ein kluger Kopf, aber ein schlechter Redner. Auf dem Podium verließ ihn aller Mut, mit verzweifelter Anstrengung würgte er schließlich einen einzigen Satz heraus, der unversehens durchschlagende Wirkung hatte: „Wenn ich – der ich doch nur meine Meinung über dieses Gesetz abgeben will – hier so verwirrt bin, dass ich einfach nicht ausdrücken kann, was ich sagen möchte, wie muss da erst einem Mann zu Mute sein, der vor Gericht für sein Leben plädieren soll – ohne den Beistand?"

Wie ernst und wirkungsvoll diese Strategie sein kann, zeigt dieses historische Beispiel. Der Praxistest, hier im Sinne einer Fakten-, Zustands- oder Situationsbeschreibung, wird im Sinne der eigenen Argumentation genutzt. Das muss nicht immer heiter sein, ist es aber sehr oft.

Sehr schön ist diese Methode auch bei moralischen Übergriffen, mit denen Sie oft zu einem ganz bestimmten Verhalten genötigt werden sollen.

Bewährt hat sie sich auch im Berufsleben, wenn Ihr Chef oder der eine oder andere Kollege Sie unter Druck setzt. Alternativfragen wie: *„Was hätte denn Ihrer Meinung nach Vorrang gehabt ...?"* sind eine zulässige Variante. Diese bringt dann Ihr Gegenüber in Zugzwang. Die „entgiftende Gegenfrage" lässt da grüßen (siehe Kap. 7.3.2.4). Beide Fragereaktionen ähneln sich. Also auch solche ernst zu nehmenden Reaktionsvarianten sind hier möglich.

Übung zum Praxistest

Stellen Sie sich folgende Fragen: Wie sieht etwas in der Praxis aus? Was geschieht / kann geschehen, wenn ein Vorschlag tatsächlich in die Praxis umgesetzt wird? Welche Auswirkungen wird das haben?

Auch hier können Sie neben Fragen oder Vorschlägen, die in Diskussionen oder Gesprächen gemacht werden, wieder gut mithilfe einer Zeitung üben. Da haben Sie Gelegenheit, sich die verschiedensten Gedanken z.B. zu einem politischen oder wirtschaftlichen Vorstoß zu machen.

Am besten notieren Sie sich die Vorschläge oder Ideen und auch Ihre Überlegungen zu einer praktischen Umsetzung. So können Sie an der Entwicklung skurriler Ideen feilen.

7.3.5.4 Akzente und Schwerpunkte setzen

Mit Betonungen und Wortwahl punkten

Mit Betonungen und der Wortwahl Akzente zu setzen, ist eine weitere Möglichkeit, mit wenig Aufwand viel Wirkung zu erzielen. Dabei können die witzigen Effekte variieren:

„Ist ***ein Glas Wasser*** *wirklich alles, was Sie einem armen Durstigen anbieten können?", fragte der Bettler. „Aber nein", versicherte die Hausfrau. „Sie können so* **viele** *Glas Wasser haben, wie Sie nur wollen."*

Hier wird mit der Betonung gespielt. Betonungen in der Sprache kennzeichnen, was wirklich wichtig ist. Der Bettler legte vermutlich die Betonung auf „ein Glas Wasser" oder auf „Wasser". Er hat sich vermutlich etwas anderes zusätzlich oder ersatzweise gewünscht: vom Schnäpschen bis hin zu einer guten Mahlzeit. Die Hausfrau hebt nun ihrerseits auf die Quantität ihrer milden Gabe ab und geht auf die Forderung des Bettlers nach einer anderen Qualität nicht ein.

Eine weniger freundliche, aber darum nicht weniger wirkungsvolle Variante, Akzente und Schwerpunkte zu setzen, gehört z.B. zu den Standardantworten der Sicherheitskräfte der Fluglinie El-Al, wenn sich Passagiere über die zeitaufwändigen Kontrollen beschweren: ***„Sie*** *werden in der Maschine sitzen, nicht wir."*

Wer wird angesichts der hier angedeuteten Implikationen freiwillig auf seine Sicherheit verzichten? Mit Betonungen kann man sehr wirkungsvolle Akzente setzen.

Übung zu Akzenten und Betonungen

Prüfen Sie Aussagen oder Geschriebenes, inwiefern Sie mit akzentuierter Betonung und dem Spielen mit verschiedenen Schwerpunktsetzungen einen ablenkenden und unerwarteten Sinnzusammenhang herstellen können.

7.3.5.5 Die heitere Interpretation

Technik für unangenehme oder peinliche Situationen

Die Grundstrategie kennen Sie schon aus der Interpretation (siehe Kap. 7.3.3.2). Sie können diese Technik auch in unangenehmen oder peinlichen Situationen anwenden. Aber auch im Falle von Vorwürfen kann sie nützlich sein:

Der kleine Thomas hat an die Tafel geschrieben: „Ich möchte mit unserer Lehrerin schmusen." Die Lehrerin kommt ins Klassenzimmer, liest das und fragt nach dem Übeltäter. Thomas meldet sich. Die Lehrerin: „Du kommst nach dem Unterricht mal zu mir!" Dreht sich Thomas zu der Klasse um und sagt: „Na, was hab ich euch gesagt – die ist ja gar nicht so."

So manche Zeitgenossen haben ja auch derartige nette Bemerkungen drauf:

„Du wirst auch von Tag zu Tag dicker. Willst du nicht bald mal etwas dagegen unternehmen?“ – „Doch, ich habe mir auch schon überlegt, ob ich mir nicht größere Anzüge kaufen soll!“

Konstruieren Sie Überschneidungen, Vermischungen und unerwartete Zuordnungen

Wenn Sie sich hier zum Teil an den Perspektivwechsel erinnert fühlen (siehe Kap. 7.3.3), liegen Sie nicht falsch, denn die Beispiele, aber auch die Praxis zeigt, dass sich viele Fälle nicht klar zuordnen lassen und man hier durchaus Überschneidungen, Vermischungen oder auch strittige Zuordnungen konstruieren kann. Je kreativer und vielfältiger Sie in der Praxis arbeiten, desto leichter wird Ihnen das Entwickeln einer schlagfertigen und im Idealfall vielleicht auch noch witzigen Reaktion fallen.

Hier noch ein Beispiel, wie man eine Situation auch interpretieren kann. Eine Vorlage, die Sie – modifiziert – auch im Beruf anwenden können. Unangenehme Fragen und Vorwürfe verpuffen so oft in Heiterkeit:

Ein Rennplatzbesucher geht nach der verlorenen Pferdewette wütend auf seinen Tippgeber zu. „Sie sagten, Tornado sei ein großartiges Pferd!“ – „Das ist es ja auch, elf Pferde waren nötig, um es zu schlagen!“

ÜBUNG ZUR HEITEREN INTERPRETATION

Wird Ihnen Ihr Gewicht vorgehalten, fokussieren Sie nicht – wie erwartet – auf Probleme mit dem Abnehmen, sondern auf entsprechende Kleidung in XXL. Die für den Wetter betrübliche Tatsache, dass sein Pferd nur auf den zwölften Platz kam, wird so gedreht, dass elf Pferde nötig waren, es zu schlagen ... Schauen Sie bei Negativmeldungen oder Kritiken, wie Sie diese „umdrehen“ können, um durch einen solchen Perspektivwechsel zu ungewöhnlichen, heiteren Interpretationen zu gelangen.

7.3.5.6 VERBLÜFFENDE GEGENSÄTZE

Altbekanntes ein wenig modifizieren

Mit Gegensätzen zu arbeiten, ist eine spannende Möglichkeit. Oft reicht es schon, Altbekanntes nur ein wenig zu modifizieren, um eine verblüffende Wirkung zu erzielen, wie dieses Bonmot zeigt: *„Ein Kompromiss ist dann vollkommen, wenn alle unzufrieden sind.“*

Hier wird die Wirkung lediglich durch die Ergänzung der kleinen Silbe *„un-“* erzielt. Etwas boshafter ist die folgende Variante, die Sie in der Praxis aber auch etwas abmildern können:

Kunde: „Ich möchte einen preiswerten Kleiderbügel." – Verkäufer: „Zwei Euro." – Kunde: „Gibt es denn nichts Billigeres?" – „Oh ja, einen alten, rostigen, gebrauchten Nagel."

Wie kommt man jetzt auf so eine Idee? Man überlegt sich z.B., woran, außer auf Kleiderbügeln, man prinzipiell noch Kleider hängen kann. Haken, Nägel ... Und das wird nun übertrieben. Eine eigentlich einfache Technik. Sie hat aber je nach Gestaltung schon die Tendenz herabzuwürdigen. Da müssen Sie im Rahmen der non-aggressiven Schlagfertigkeit schon etwas vorsichtig sein.

Übung zu verblüffenden Gegensätzen

Prüfen Sie einfache Definitionen daraufhin, ob Sie hier mit einer Ergänzung wie einer ungewohnten Vorsilbe oder einem „Nein" Effekte erzielen können.

Die zweite Möglichkeit: Gibt es einen Gegensatz, den Sie übertreiben können? Prüfen Sie Situationen oder Bemerkungen daraufhin.

7.3.5.7 Columbo-Strategie – Den Unbedarften spielen

Understatement, Hartnäckigkeit und sich dumm und naiv stellen

Peter Falk als Detective Columbo ist einer meiner Lieblingskommissare und man kann sich unglaublich viel von ihm abgucken. Understatement, Hartnäckigkeit und diese unnachahmliche Fähigkeit, sich dumm und naiv zu stellen. Genau diese Methode ermöglicht Ihnen auch herrliche Schlagfertigkeiten, z.B. gegenüber Prahlhänsen:

„Mein Großvater ist vor vierzig Jahren mit einem einzigen geflickten Hemd nach Amerika ausgewandert. Heute hat er fünf Millionen", prahlt der junge Mann. Die junge Dame, die er beeindrucken will: „Mein Gott! Was will er denn mit so vielen Hemden?"

Bei dieser Technik nutzen Sie die Möglichkeit, Gesagtes bewusst misszuverstehen.

Der Feldwebel: „Was sind Sie von Beruf?" – „Bakteriologe", sagt der Rekrut. – „Reden Sie nicht so geschwollen, Mann, das heißt Bäcker, verstanden!"

Übung zur Columbo-Strategie

Ungewohnte Bezüge setzen

Bei dieser Strategie geht es darum, dass Sie nicht die üblichen, erwartbaren, sondern „andere" Bezüge nutzen. Also z.B. die „fünf Millionen" nicht auf Geld, sondern auf Hemden zu beziehen. Prüfen Sie Aussagen auf ihre Möglichkeiten und stellen Sie solche Bezüge her.

7.3.5.8 Die witzige Definition

Charakterisierungen und Definitionen, die nicht den üblichen Mustern entsprechen

Die witzige Definition nimmt als Grundprinzip das Definieren, das Erläutern von Begriffen, Einschätzungen oder Meinungen. Diese Definition kann und sollte ungewöhnlich sein und nicht den üblichen Mustern entsprechen. Sie kann mit Perspektivwechsel verknüpft sein oder einem anderen Prinzip folgen, hier z.B. erklärt der Fußballer Toni Polster mit einem Wortspiel, warum er sich an seiner neuen Wirkungsstätte eigentlich wie in Österreich fühlt:

„Ich fühl' mich fast wie in Österreich. Es gibt viele Berge hier: Bökelberg, dann war der Effenberg hier. Unser Trainingsplatz heißt Alm, unser Trainer Rausch, also Alm-Rausch."

Sie können aber auch mit einem Kürzelspiel arbeiten:

Die zehn großen „A" der Arbeitswelt: Alle Anfallenden Arbeiten Auf andere Abschieben. Anschließend Anbrüllen, Aber Anständig.

Und eine der einfachsten Varianten der witzigen Definition ist die Folgende:

„Mancher nennt es Chaos. Ich nenne es Meinungsfreiheit."

Übung zur witzigen Definition

Eine „schräg" wirkende Logik entwickeln

Um zu witzigen Definitionen zu gelangen, können Sie mit Vergleichen arbeiten, mit Kürzeln spielen oder auch mithilfe der Synonymtechnik vorgehen. Die Kunst ist, ungewöhnliche Zusammenstellungen, eine „schräg" wirkende Logik zu entwickeln.

7.3.5.9 Die schrille Begründung

Eine der schönsten Schlagfertigkeitsstrategien ist eine, die ich „schrille Begründung" nenne. Sie funktioniert besonders bei Fragen, die an uns gerichtet werden. Das können indirekte Beschwerden sein, Kinderfragen, impertinente oder auch solche, die uns in diesem Moment ungelegen kommen. Die schrille Begründung beantwortet diese Fragen ganz schön schräg mit einer absurden und zur Frage Bezug nehmenden Logik. Sie müssen einmal das Grundprinzip lernen, es schaffen, „schräg" zu denken, dann funktioniert diese Methode ausgezeichnet.

Wie das funktioniert, sehen Sie an diesen Beispielen:

„Papa, warum hat die Tante dort drüben rote Zehen?“ – *„Zur Warnung: Damit ihr keiner drauftritt.“*

Dabei geht man in der Regel assoziativ vor. Bei dem Beispiel oben geschieht das über die Assoziation „Rot“ ➟ „Warnfarbe“ ➟ „nicht drauftreten“.

Bilden Sie ungewöhnliche Assoziationsketten

„Was macht denn die Fliege hier auf meinem Eis, Herr Ober?“ – *„Vielleicht lernt sie gerade Skilaufen.“*
Hier verläuft die Assoziationskette über „Eis“ ➟ „Berge“ ➟ „Skifahren“.

ÜBUNG ZUR SCHRILLEN BEGRÜNDUNG

Die schrille Begründung lässt sich ausgezeichnet über Assoziationstechniken üben. Sie kennen das vielleicht aus dem Sprachunterricht oder aus Kinderspielen. Bei Assoziationsspielen, z.B. dem „Kofferpacken“ (Sie kennen das unter Umständen auch als *„Ich mache eine Reise und nehme mit ...“*), lernen Sie wild und frei drauflos zu assoziieren. Sicher, meist wird das als Gedächtnisübung eingesetzt, aber es ist eben auch eine Assoziationsübung, bei der Ihre Gedanken in kreative Schwingungen versetzt werden. Nehmen Sie dazu irgend eine Frage, die Sie aufgeschnappt haben oder die Sie sich ausdenken, assoziieren Sie (frei nach dem Kofferpacken) Begriffe, die einen Bezug zum Thema haben, und basteln Sie einen Bezug zu einer Begründung. Es ist übrigens nur anfangs schwer, weil Sie in der Regel eine Denkbarriere überwinden müssen.

Assoziieren Sie frei und wild drauflos

7.3.5.10 SPRICHWORTSPIEL

Und nun kommen wir noch zu einer letzten Strategie, die Sie einsetzen können, um schlagfertiger zu werden. Auch hier lehne ich mich an eine schon früher vorgestellte Technik an. Erinnern Sie sich noch an das unpassende Sprichwort (siehe Kap. 7.3.1.5)? Schon da konnten Sie mit einer glücklichen Verunglimpfung Heiterkeitserfolge erzielen. Bei dieser Technik wird das kultiviert. Zwei Beispiele:

„Ich werde Recht gegen jedermann üben, jetzt üben wir.“

„Deutschland, Deutschland über alles, über alles wächst mal Gras.“

Es werden also zwei Bonmots oder Sprichwörter miteinander verknüpft bzw. ein Sprichwort mit einer (ungewöhnlichen) Schlussfolgerung versehen.

Übung zum Sprichwortspiel

Um diese Strategie zu üben sollten Sie, ähnlich wie bei dem unpassenden Sprichwort, eine Sammlung anlegen. Sie können die Sprichwörter jetzt bewusst sinnvoll verknüpfen oder einen weiterführenden Bezug, z.B. eine Schlussfolgerung, herstellen. Sie können diese Technik für den Ernstfall üben oder aber sich im stillen Kämmerlein eine Sammlung zulegen, die Sie dann im Fall des Falles nur noch „zücken“ müssen.

Damit habe ich Ihnen, glaube ich, einen ordentlichen Strauß an Strategien und Techniken für den Ernstfall präsentiert. Jetzt ist es an Ihnen, diese Techniken zu üben.

Bevor ich Ihnen nun in den folgenden Kapiteln noch den einen oder anderen Hinweis zur Handhabung gebe, gibt es für die Frauen unter den Lesern noch ein kleines Frauen-Special.

7.3.5.11 Das Frauen-Special

Sie kennen das auch? Diese Nettigkeiten mit „Quotenfrauen“? Oder die in gewissen Kreisen beliebten „Blondinenwitze“? Nun, die meisten Frauen reagieren da leider wenig souverän und – ehrlich – ich auch nicht immer. Den ultimativen Ansatz, solchen Angängen zu begegnen, kann auch ich Ihnen nicht bieten. Doch das eine oder andere sollten Sie wirklich vermeiden, wenn Sie nicht mit Erfolg vorgeführt werden wollen:

- Werden Sie in der Hitze des Gefechts nicht emotional. Damit bestätigen Sie nur das Bild von der typisch unsouveränen, zickigen Frau. Sie verlieren an Bedeutung und „Gewicht“. Schade!
- Tappen Sie nicht noch freiwillig in Fallen. Frauen, die Karriere gemacht haben, behaupten von sich gerne, sie seien besser als Männer. Das sollte man dann aber auch merken. Schulnoten und Studienerfolge sind kein Beweis.

Ein Beispiel: Eine der beliebtesten Provokationen für berufstätige und/oder emanzipierte Frauen sind Fragen wie: *„Sind Sie etwa auch eine Quotenfrau?“* Oder: *„Wollen Sie denn wirklich eine „Quotenfrau sein?“* – Und wie reagiert frau da? Mit einem empörten: *„Nein, ich doch nicht ...!“* Oder einem: *„Das habe ich doch nicht nötig!“*

Kennen Sie die Definition des Begriffes „Quotenfrau“? Eine Quotenfrau ist eine Frau, die bei gleicher oder besserer Qualifikation einem sich ebenfalls bewerbenden Manne vorgezogen wird. Bei aller Liebe, was ist daran „schämenswert"? Quotenfrau zu sein bedeutet zunächst, genauso qualifiziert zu sein wie Ihre männlichen Mitbewerber. Oft sogar qualifizierter. Und nur in diesem Fall werden Sie vorgezogen.

Wie reagiert frau nun in entsprechenden Situationen?

Interessante Effekte erziele ich z.B. mit der so genannten Witzstrategie. Immer wenn meine Kompetenz oder meine Souveränität als „Frau" auf den Prüfstand gestellt wird, dann kommen gerne typische Machosprüche oder Frauenwitze. Darauf reagiere ich häufig mit „Männerwitzen". Die finden Sie übrigens an allen möglichen Ecken und Enden, in Zeitungen, in Ratgebern, man schnappt sie auch in Seminaren auf und selbst in Kalendern findet man sie abgedruckt.

Kontern Sie mit Männerwitzen

Dieser „Kompetenztest" ist oft eine Art „Initiationsritus", ein Aufnahmeritual und entscheidet über Ihr Gewicht in der Gruppe mit. Deshalb ist es lohnend, dabei „gut" abzuschneiden. Mit Zickigkeit und reinem Kompetenzgebaren operieren Sie genau an diesem Kernaspekt vorbei. Deshalb ist die „heitere Schlagfertigkeit" hier so lohnend.

Wie funktioniert diese Methode? Sammeln Sie solche Witze und „lernen" Sie sie. Schließlich gilt hier: „Gut geklaut ist halb gewonnen". Sortieren Sie die Witze nach „Härtegraden", in nettere und härtere. Warum? Sie werden es gleich sehen.

Wenn Ihr Gegenüber mit einem Witz oder einer Provokation anfängt, dass Frauen z.B. ja auch für ihren „dekorativen Effekt" bezahlt werden, zücken Sie Ihren ersten Witz:

„Sie wissen ja, warum es für Frauen so wichtig ist, gut auszusehen?" – „Nein, warum?" – „Na, weil Männer besser gucken als denken können."

Die Reaktion ist erfahrungsgemäß eine Mischung aus Lachen und erstauntem Schweigen. Meist ist die Sache dann erledigt. Doch gibt es Härtefälle, die hier noch nachlegen. Nun, dann folgt Stufe zwei, also der nächste Witz:

„Sie wissen, warum Frauen so viel Wert auf gutes Parfum legen?" – „Nein, warum?" – „Weil Männer auch besser riechen als denken können."

Oft ist das Ritual dann erledigt und Sie spüren, dass Sie nun überleiten können: *„Sollen wir jetzt in der Sache weitermachen?"* oder: *„Einverstanden, wenn wir jetzt zurück zum Thema können?"* Und meist finden Sie uneingeschränktes Einverständnis. Bei solchen Ritualen geht es nicht darum, jemanden fertig zu machen, sondern es ist wie ein ritueller Kampf, bei dem gutes Imponiergehabe siegt. Man zeigt eher, dass man das System verstanden hat. (Ach, und das gibt es nicht nur unter Männern.)

Sollte Stufe zwei immer noch nicht reichen, zünden Sie Stufe drei. Zur Bewältigung solcher „lang andauernden Kämpfe" lohnt es sich dann, die etwas härteren Witze zu nehmen. Die sind deutlich weniger humorvoll und fangen an, schon bissig zu werden. Meiner, auf der letzten Stufe, ist:

„Was ist ein Mann in Salzsäure?... Ein gelöstes Problem."

Das ist dann für die harten Fälle, wenn die Gegenseite auch mit den üblen Varianten angefangen hat.

Ach, und noch ein Tipp: Sie sollten ausreichend viele Witze kennen und Ihren Wissensstand ab und zu auffrischen.

8 Tipps & Antworten für Ihre Einsatzpraxis

Gekonnt jonglieren mit verschiedenen Ansätzen

Jetzt haben Sie ja schon eine ganze Reihe von Strategien und Techniken kennen gelernt und vielleicht versuchen Sie, sich den Einsatz vorzustellen? Oder haben Sie gar schon mit der Umsetzung angefangen?

Vermutlich haben Sie bereits Probleme, all die Strategien zu behalten? So ging es mir anfangs und so geht es übrigens auch meinen Teilnehmern.

Aus diesem Grund habe ich Ihnen sämtliche Strategien im nächsten Abschnitt in einem Überblick zusammengestellt. Den können Sie sich herauskopieren und ihn nutzen, um

- die Übungen in dem nachfolgenden Kapitel zu bearbeiten,
- eigene Übungen zu gestalten,
- immer mal wieder daraufzuschauen.

Aber davon abgesehen gibt es in der praktischen Umsetzung ja doch noch das eine oder andere Problem, nicht? Hier die Antworten auf die Fragen, die meine Teilnehmer üblicherweise stellen:

- **Eine Strategie reicht doch nicht, oder?**

Richtig! Wenn Sie es mit Übergriffen zu tun haben, reicht der Einsatz einer einzelnen Strategie in der Regel nicht aus. Meistens kombinieren wir in der Praxis mehrere Strategien.

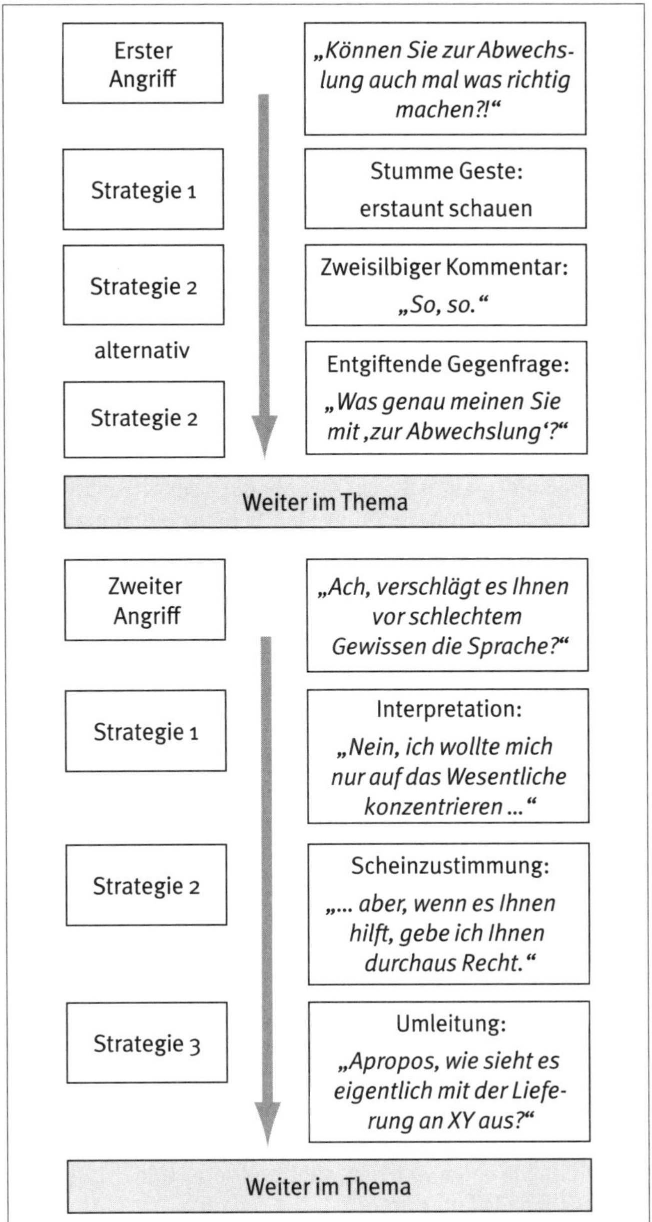

Die Strategien werden meist miteinander kombiniert

Es erfolgt ein Übergriff und wir reagieren mit einer Kombination, um dann im eigentlichen Thema weiterzumachen. Welche Kombination wir wählen, kommt ganz auf die Situation an. Dabei können die verschiedenen Strategien parallel zur Anwendung kommen oder aber zeitlich nacheinander geschachtelt werden.

In dem Beispiel oben werden die stumme Geste und der zweisilbige Kommentar gleichzeitig eingesetzt. Alternativ könnten Sie hier aber auch nachsetzen und z.B. eine entgiftende Gegenfrage stellen. Dann wechselt man unvermittelt wieder zu dem Thema, das vorher aktuell war, oder setzt die Tätigkeit fort, in der man gerade unterbrochen wurde.

Bei fortgesetzten Angriffen können Sie weitere Schlagfertigkeiten einsetzen, kombiniert oder einfach. Was Sie im konkreten Fall tun, bleibt Ihnen überlassen.

Im Beispiel greifen Sie zur Abwehr der zweiten Angriffswelle zur Interpretation, leiten in eine Scheinzustimmung über und kommen über eine Umleitung wieder auf Ihr eigentliches Anliegen zurück.

- **Wie gestalte ich Repliken weich oder hart?**

Sie haben es sicherlich gemerkt. Auch wenn ich mich darum bemüht habe, möglichst non-aggressive Techniken zu präsentieren, Schlagfertigkeit ist und bleibt eine Kunst, die an Grenzen operiert. Sie kann sehr schnell verletzen.

Mit unserem Verhalten entscheiden wir zu einem hohen Maße, ob unsere Reaktion hart und verletzend oder weich und gelassen wirkt.

Auch die friedfertigste Bemerkung kann wie eine Waffe wirken

Auch die friedfertigste Bemerkung kann wie eine Waffe wirken, wenn sie entsprechend präsentiert wird.

Um non-aggressiv zu wirken, gibt es zwei Ansätze, einen äußeren und einen inneren. Äußerlich gilt es, sein Auftreten, sein Verhalten zu kontrollieren. Innerlich gilt es, sein eigenes Nervenkostüm und die eigenen Annahmen zu kontrollieren.

Um nicht aggressiv zu wirken, achten Sie am besten auf das folgende Verhalten:
- Wählen Sie einen weichen, sanften Tonfall (Moll statt Dur).
- Sprechen Sie langsam.
- Wenn es geht, sprechen Sie einen halben Ton tiefer.
- Reagieren Sie langsam.

- Legen Sie vor einer Reaktion eine Pause ein.
- Lächeln Sie.
- Wirken Sie eher verwundert als kritisch oder verärgert.

Um nicht aggressiv zu reagieren, versuchen Sie folgende innerliche Grunddisposition einzunehmen:
- Mein Gegenüber will mir nichts Böses / meint es nicht böse.
- Dem liegt bestimmt ein Missverständnis zugrunde.
- Der andere hat gute Gründe (sie müssen mir nicht gefallen, aber sie sind ihm wichtig und aus seiner Sicht berechtigt).
- Der hat aber Stress, mal schauen, wie man dem abhelfen kann.
- Mein Gegenüber hat ein Recht auf seine eigene Meinung und seine Entscheidung ...

Vielleicht klingt das aus Ihrer Sicht ein wenig simpel, aber es hilft tatsächlich. Wir werden in der Regel aggressiv, wenn wir uns mit Gedanken herumschlagen wie: *„Will der mir hier etwa was?“ „Pöbelt der mich hier etwa an?“ „Ist der zu dumm, das zu kapieren?“ „Will der seinen Stress jetzt bei mir ablassen?“ „Wenn der glaubt, der könnte mir dumm kommen, dann hat er sich aber geschnitten!“* Vor einem solchen gedanklichen Hintergrund steigen wir rasch auf den Aggressionspegel eines anderen auf, stimmen uns ein.

Vermeiden Sie, auf den Aggressionspegel des anderen einzusteigen

Die daraus erwachsende Eskalation entsteht aber nicht zwangsläufig, sondern dahinter steht letztlich immer eine Entscheidung. Sie haben immer auch die Möglichkeit, die Dinge gelassen zu betrachten. Nutzen Sie diese, um eine konstruktive Atmosphäre zu schaffen und Ihre eigentlichen Ziele verfolgen zu können.

Gibt es auch etwas, was man sagen oder tun kann? Ja, eindeutig:
- Zeigen Sie Interesse an Ihrem Gegenüber, z.B. mit einem Klartext. Warum ist er so erregt, sauer, wütend ... Lassen Sie sich das erzählen.
- Schweigen Sie, schauen Sie Ihr Gegenüber an, damit er reden kann, und geben Sie Zuhörsignale wie „Oh“, „Ja“...
- Wiederholen Sie unter Umständen mit eigenen Worten, was der andere gesagt hat.

- Zeigen Sie, wenn es passt, Mitgefühl und/oder Verständnis.
- Bitten Sie, wenn dem Ganzen ein Missverständnis zugrunde liegt, um Erlaubnis, die Sache richtigstellen zu dürfen. (Ja, allen Ernstes. Wenn Sie wollen, dass ein anderer Ihnen zuhört, brauchen Sie schon seine Aufmerksamkeit. Und die kann man nur erbitten oder sich erarbeiten. Der andere muss Ihnen nicht zuhören und auch nicht glauben.)
- Respektieren Sie das Recht des anderen.
- Bedauern Sie es, wenn ein Missverständnis oder eine Panne geschehen ist. Damit vergeben Sie sich nichts.
- Freuen Sie sich doch zur Abwechslung einmal sichtbar, wenn ein Missverständnis ausgeräumt wurde.

Wenn Sie nun denken, das sei Augenwischerei, nehme ich Ihnen das übrigens nicht übel. Seitdem ich diese non-aggressiven Grundregeln praktiziere, bin ich viel erfolgreicher in der Umsetzung meiner Ziele (und ich war früher ein weibliches HB-Männchen). Also – gut ist, was wirkt ... probieren Sie es einfach einmal aus.

- **Wie verhalte ich mich, wenn ich im Fall der Fälle immer noch blockiert bin?**

Gerade in den Übungssequenzen in meinen Seminaren stellen wir auch immer wieder Blockaden fest. Viele ärgern sich darüber, doch das hilft Ihnen nicht, sondern schadet Ihnen eher.

Nehmen Sie sich vor, eine bestimmte Schlagfertigkeit umzusetzen

Viel günstiger ist ein anderes Verfahren. Nehmen Sie sich eine „Schlagfertigkeit des Tages" vor. Das klingt komisch? Nur, bis Sie es einmal erfolgreich probiert haben.

Je weniger Sie sich mit erlittenen Übergriffen beschäftigen, desto besser ist das für Ihr Seelenleben. Also, machen Sie sich hier so wenig Gedanken wie möglich und nehmen Sie sich, egal was kommt, eine Schlagfertigkeit vor, die Sie bei der nächsten sich bietenden Vorlage einfach umsetzen.

Versuchen Sie, sich nicht zu sehr auf die Wirkung zu fixieren. Auf diese Weise können Sie weder schachmatt gesetzt werden noch allzu sehr enttäuscht sein. Und vor allem, reagieren Sie immer erst nach einer Pause und langsam!

Der Sinn dieses Vorgehens ist, allmählich die Umsetzung von Schlagfertigkeit einzuüben, ohne sich unter Erfolgsdruck zu setzen und sich so handlungsunfähig zu machen.

- **Wie bekomme ich meine Gefühle in den Griff?**

Je mehr Sie sich mit dem Aggressor oder dem Übergriff beschäftigen, desto mehr laden Sie sich negativ auf. Also, Regenschirmstrategie anwenden. „Putzen Sie Ihre Festplatte" und lenken Sie sich ab. Konzentrieren Sie sich auf irgendetwas anderes und falls das Ereignis wieder hochkommt, dann verändern Sie Ihren inneren Film.

Versuchen Sie, sich abzulenken

Nein, das ist nicht leicht, so etwas ist harte Arbeit – aber Sie wissen ja, man bekommt im Leben selten etwas geschenkt. Und die innere Ruhe muss man sich in der Regel auch erarbeiten, und das immer wieder aufs Neue.

- **Ich mache immer das Gleiche!**

Der Mensch ist ein Gewohnheitstier, deswegen neigen wir dazu, immer das Gleiche zu tun. Erfahrungsgemäß hilft es, wenn Sie sich bewusst vornehmen, eine Bemerkung, eine Aktivität oder eine neue Strategie umzusetzen. Schreiben Sie sich doch mögliche Schlagfertigkeiten auf eine Karte und ziehen Sie wahllos eine schon im Vorgriff auf die nächste Situation. Dann variieren Sie automatisch. – Und übrigens: Solange es wirkt, können Sie das Gleiche ruhig wiederholen.

- **Ich reagiere einfach immer in der Sache! Wie komme ich davon los?**

Üben, üben, üben. Eine bestimmte Reaktion ist meist angelernt, oft sogar hart erarbeitet. Doch was man sich antrainiert hat, kann man auch wieder abtrainieren – nur das braucht Zeit, Geduld und eben auch wieder harte Arbeit. Oskar Wilde soll einmal gesagt haben, das Leben könne der Himmel sein, wenn man die richtigen Gewohnheiten habe, und die Hölle mit den falschen. Also: „Packen Sie's an!"

- **Das ist doch überhaupt nicht witzig?**

Wer will das sagen? Was witzig ist und was nicht, liegt im Auge des Betrachters. Selbst ein Witz, der schon oft blendend ankam, kann beim nächsten Mal danebengehen.

Aber davon abgesehen, wenn Sie darauf abheben, witzig sein zu wollen, schaffen Sie sich große Schwierigkeiten. Sie wollen, wie ein Drehbuchautor durch sein Script, eine ganz bestimmte Reaktion einleiten, Sie haben nur ein Problem: Die anderen kennen Ihr Drehbuch nicht! Wie kann da ein Witz ge-

Wer den Fokus darauf legt, witzig zu sein, schafft sich große Schwierigkeiten

lingen? Die Chancen stehen nicht gut. Verzichten Sie aber darauf, mit aller Gewalt witzig sein zu wollen, dann – so werden Sie feststellen – wird es Ihnen immer öfter gelingen.

- **Reagieren Sie unvorhersehbar und „eigennützig"**

Wer unvorhersehbar reagiert, ist weniger leicht zu manipulieren

Täuschen Sie links an und spielen Sie rechts aus. Reagieren Sie künftig unvorhersehbar. So kann man Sie nicht mehr ausrechnen und nicht mehr so leicht manipulieren.

- Einen ersten Schritt in diese Richtung machen Sie, wenn Sie nach positiven Interpretationsmöglichkeiten für das Verhalten Ihrer Mitmenschen suchen.
- Den zweiten Schritt machen Sie, wenn Sie sich überlegen, was Sie Ihren Zielen näher bringt.
- Den dritten Schritt machen Sie, wenn Sie Ihre Reaktionsmuster und Ihre wunden Punkte kennen. Dann sind Sie weniger manipulierbar.
- Den vierten Schritt machen Sie, wenn Sie Schlagfertigkeiten bewusst einsetzen und statt intuitiv geplant reagieren.

- **Ich komme einfach nicht auf geistreiche Einfälle!**

Geistreiche Einfälle kommen in der Regel nicht aus dem Nichts. Sie setzen einiges voraus, auch wenn das nicht so wirkt. Geistreiche Menschen haben eine gute Allgemeinbildung, haben Sprachgefühl, einen großen Sprachschatz und tragen Spielfreude in sich.

Bestimmte Sekundärfähigkeiten unterstützen insbesondere heitere Schlagfertigkeiten

Darüber hinaus aber haben sie sich auch in bestimmte Denkfähigkeiten eingeübt. Diese Sekundärfähigkeiten kann man trainieren, eigentlich mit jeder Form eines Sprachspiels.

Welche Sekundärfähigkeiten brauchen Sie für (insbesondere heitere) Schlagfertigkeiten?

- Assoziationsfähigkeit
- Wortschatz erweitern und nutzen
- Kreatives Kombinieren
- Perspektivwechsel

Im Folgenden habe ich ein paar Spiele und Übungen für Sie zusammengestellt, die Sie zum Üben der Strategien und der oben genannten Fähigkeiten nutzen können.

ÜBUNGEN ZUR WORTSCHATZERWEITERUNG

- Denken Sie sich Wörter aus und suchen Sie dann – so schnell wie möglich – passende Synonyme.

- Denken Sie an ein Wortfeld. Suchen Sie möglichst viele Synonyme, umschreibende und präzisere Begriffe, die dieses abdecken.
- Lesen Sie viel. Je anspruchsvoller die Lektüre, desto mehr werden Sie lernen. Insbesondere die wiederholte Lektüre anspruchsvoller Texte führt zu einer aktiven Erweiterung Ihres Wortschatzes.

ÜBUNGEN FÜR IHRE ASSOZIATIONSFÄHIGKEIT

- Wandeln Sie Begriffe, Zahlen oder Namen im Geist in Bilder um, das schult Ihre Fantasie und die Fähigkeit, die Dinge aus anderen Perspektiven zu betrachten.
- Bilden Sie Assoziationsketten, d.h., entwickeln Sie aus mehreren Begriffen eine gedankliche Kette. Überlegen Sie sich wahllos mehrere Begriffe. Schreiben Sie diese Wörter auf. Kombinieren Sie die Begriffe zu einer kleinen Geschichte, Szene oder etwas Ähnlichem.
- Spielen Sie „Stadt/Land/Fluss“. Diese Übung ermöglicht Ihnen, in kurzer Zeit möglichst seltene Begriffe zu einem Buchstaben zu assoziieren.

ÜBUNGEN ZUR KREATIVITÄT

- Stellen Sie sich ein mechanisches oder technisches Gerät vor, dem Sie in kurzer Zeit möglichst viele Ausstattungsdetails zuordnen.
- Buchstabieren Sie Ihren oder fremde Namen, indem Sie zu jedem Buchstaben ein Wort finden. Gestalten Sie in einem zweiten Schritt daraus Sätze.
- Denken Sie an einen alltäglichen Gegenstand. Suchen Sie innerhalb einer vorgegebenen Zeit so viele Verwendungsmöglichkeiten wie möglich für diesen Gegenstand.

VERSCHIEDENES

- Verfolgen Sie Quizsendungen und Diskussionen, das fördert Reaktionsfähigkeit, Ihr Allgemeinwissen und liefert Ihnen Kopiervorlagen.

• Wann wende ich welche Strategien an?

Torero-Strategien zum Einstieg und unter Schock

Für die Umsetzung in die Praxis empfehle ich, vor allem mit den Strategien anzufangen, bei denen Sie wenig Aufwand und Denkfähigkeit brauchen, den Torero-Strategien. Sie können

Gehen Sie stufenweise vor und steigern Sie sich allmählich

auch für jede andere folgende Strategie den Auftakt bilden. Gehen Sie also stufenweise vor und steigern sich allmählich.

Entschleierungsstrategien dagegen brauchen schon die härtere Auseinandersetzung, bei denen der Kontrahent fortgesetzt unfair wurde oder entgleiste.

Gummistrategien dagegen bieten sich für den Umgang mit Forderungen an. Wenn Ihre Vorstellungen abgeschmettert werden, können Sie sie ebenso einsetzen wie zur Zurückweisung fremder Forderungen. Gummistrategien sind ein Spiel mit Beharrlichkeiten.

Perspektivwechsel dagegen eröffnen neue Blickrichtungen. Sie können leicht zur Sachdiskussion zurückführen und auch heiter wirken.

Witzfertigkeiten „mit Charme und Esprit" sind vielfältig einsetzbar. Sie sollten allerdings darauf achten, dass Lacher nicht auf Kosten Ihres Gegners oder sogar eines Dritten gehen.

- **Mit der und der Strategie komme ich gar nicht zurecht!**

Jeder von uns hat typische Denkmuster, deswegen liegen Ihnen manche Strategien und andere gar nicht. Beginnen Sie mit jenen, die Ihnen leichtfallen. Gehen Sie dann allmählich zu jenen über, die etwas ungewohnter und damit schwieriger sind. Geben Sie sich selbst diese Zeit. Im Angebot sind viele Vorgehensweisen, die Sie nur allmählich alle einsetzen können. Sammeln Sie also Ihre eigenen Erfahrungen und machen Sie sich nach und nach vertraut.

- **Wie dosiere ich meine Reaktionen richtig?**

Leider ist man immer erst hinterher schlauer

Ob Sie Ihr Vorgehen richtig dosiert haben, wissen Sie leider immer erst nachher, wenn Sie die Reaktionen Ihrer Umgebung erleben. Deswegen gelten folgende Faustregeln:

- Lieber einmal zu viel „nett" sein, als einmal zu früh zuschlagen.
- Sanft beginnen und stufenweise härter werden.
- Nicht immer sofort, aber frühzeitig reagieren.
- Konsequent sein.

- **Ist es egal, ob ich Publikum habe oder macht das einen Unterschied?**

Ja, es macht einen Unterschied, weil wir vor Publikum empfindlicher sind. Ohnehin schon wegen der Ausnahmesituation nervös, wittern wir Gefahren und reagieren empfindlicher als in gewöhnlichen Situationen.

Aber – das gilt auch für unser Gegenüber. Eine öffentliche Auseinandersetzung wird in der Regel härter geführt als eine unter vier Augen. Das sind Schaukämpfe. Dementsprechend kann ich nur empfehlen, öffentlich auf Demütigungen zu verzichten, denn dann verliert der Unterlegene sein Gesicht, was prinzipiell vermieden werden sollte. So etwas zieht in der Regel tief schwelende Rachegelüste nach sich.

Eine öffentliche Auseinandersetzung wird in der Regel härter geführt

- **Verändert Schlagfertigkeit wirklich etwas?**

Ja, non-aggressive Schlagfertigkeit macht uns milder und friedfertiger, aber nicht schwach. Im Gegenteil, wir wirken stark und Angriffe auf uns verringern sich oder aber sie verfolgen ein anderes Ziel, nämlich zu Scherzen einzuladen.

Darüber reagieren wir sachlicher, friedfertiger und verständnisvoller. Damit wirken wir sozusagen „vorbildlich" auf unsere Umgebung ein und machen sie sozialer. Wir nehmen nicht mehr jedes Konfliktangebot an und werfen auch selber nicht mehr so viele Fehdehandschuhe. Wir neigen dazu, Missverständnisse als solche zu erkennen und zu klären, statt stellvertretend einen Konflikt daraus zu machen und dann auszutragen. Das verändert unser Umfeld spürbar und macht uns meist zu einem angenehmen und begehrten Kollegen und Partner.

Non-aggressive Schlagfertigkeit verändert das Umfeld positiv

- **Kann ich mit Schlagfertigkeit auch anderen helfen?**

Absolut. Schlagfertigkeit kann nicht nur zur Selbstverteidigung eingesetzt werden, sondern auch, um andere zu verteidigen oder aus peinlichen Situationen zu befreien.

Anderen zu helfen bringt überdies noch einen Vorteil mit sich. Sie gewinnen Respekt und Achtung der Betroffenen und manchmal auch der Umstehenden. So schaffen Sie sich, was insbesondere im Beruf oft von Vorteil ist, Verbündete.

Schaffen Sie sich Verbündete

- **Kann ich Schlagfertigkeit immer und überall anwenden?**

Prinzipiell ja, aber Sie sollten sie nicht immer und überall einsetzen. Wer die Kunst der Schlagfertigkeit beherrscht, sollte sparsam und zum allgemeinen Nutzen damit umgehen. Sonst kann man schnell zu einer Gefahr werden und selbst zu einem „berühmt-berüchtigten" Aggressor mutieren.

- **Hat Schlagfertigkeit Grenzen?**

Ja, wo ein Mitmensch einen Konflikt oder eine Beziehung nicht friedlich tragen oder ausgestalten will, hat Schlagfertigkeit ihre Grenzen, genau wie auch Kommunikation an Freiwilligkeit gebunden ist. Will der andere nicht, dann können wir nichts bewirken.

- **Woran erkenne ich eine erfolgreiche Schlagfertigkeit?**

Ob Ihre Schlagfertigkeit gewirkt hat, erkennen Sie an den Reaktionen der Beteiligten. Wenn Sie es richtig gemacht haben, werden alle zur Sachdiskussion zurückkehren oder aber Sie werden eine entspanntere, oft sogar heitere Atmosphäre produziert haben.

Non-aggressive Schlagfertigkeit sollte Folgendes bewirken:

PRAXIS

- Konzentration auf das Wesentliche
- Allgemeine Arbeitsfähigkeit
- Kooperationsbereitschaft
- Offenheit
- Friedfertigkeit
- Eine entspannte Gesprächs- oder Arbeitsatmosphäre
- Vertrauen
- Heiterkeit

9 Praxis- und Übungsteil

9.1 Die Schlagfertigkeitsstrategien im Überblick

Damit Sie die folgenden Übungen leichter durchführen können, habe ich Ihnen die in diesem Buch vorgestellten Strategien in einer kurzen Übersicht zusammengestellt. Es könnte praktisch sein, sie herauszukopieren, um sie bei der Bearbeitung der Übungen zur Hand zu haben.

Torero-Strategien	Angriffe ins Leere laufen lassen
Stumme Geste	Sie lassen Ihren Gegner ins Leere laufen, indem Sie stumm bleiben und nur körpersprachlich reagieren.
Ignorieren	Sie lassen einen Angriff verpuffen, als sei nie etwas geschehen.
Umleitung	Sie gehen nicht auf einen Angriff ein, sondern reden über ein vollkommen anderes Thema – und das ohne Begründung.
Zweisilbiger Kommentar	Außerordentlich Energie sparende Minimalantwort – ist besonders nützlich für Leute, die schnell sprachlos sind.
Unpassendes Sprichwort	Antwort mit einem Bonmot, das überhaupt nicht zu dem Angriff passt. Sie reagieren genauso unzusammenhängend und sinnlos wie Ihr Gegner. Lassen Sie den Angreifer in seiner Verwirrung schmoren.
Gummi- oder Tanzschrittstrategien	**Elegant beharren**
Scheinzustimmung	Sagen Sie Ihrem Angreifer, dass Sie gern bereit sind nachzugeben und ihm Recht zu geben, wenn ihm das hilft.
Empathische Zustimmung	Bügeln Sie einen Angriff mit Verständnis und Mitgefühl ab und kommen dann auf Ihren Wunsch oder die Sache zurück.
Rückfrage	Fragen Sie kurz nach, weil Sie „es" nicht richtig verstanden haben: *„Wie?" „Wie bitte?"*
Entgiftende Gegenfrage	Isolieren Sie das „giftige" Wort, das Sie verletzt oder trifft. Fragen Sie den Angreifer, was es bedeutet.
Perspektive wechseln	**Den Sachverhalt von einer anderen Warte aus betrachten**
Umdefinition	Sie ersetzen negative Charakterisierungen oder Eigenschaften durch positive.
Interpretation	Sie stellen Vorwürfe in einen neuen Kontext, indem Sie Fakten oder Beweggründe benennen oder mit Synonymen und Umschreibungen arbeiten.

Kompliment	Setzen Sie einen Angreifer schachmatt, indem Sie ihn bewundern und/oder loben.
Sachliche Feststellung	Sachlich und ruhig spiegeln Sie einem Kontrahenten seinen Zustand, seine Erwartungen oder Gedanken.
ENTSCHLEIERUNGS-STRATEGIEN	**ÜBERGRIFFE AUFDECKEN**
Differenzieren	Hinterfragen Sie Ausfälle Ihres Kontrahenten: Was hat das mit dem Thema zu tun? Benennen Sie diese Abschweifungen und „Nebenkriegsschauplätze".
Klartext sprechen	Wenn Sie etwas verletzt oder ärgert, steigen Sie aus dem normalen Gesprächsfluss aus. Benennen Sie, was Ihr Gegenüber gerade tut. Klären Sie gegebenenfalls die Spielregeln.
Konfrontation	Benennen Sie eine Beleidigung klar, konfrontieren Sie den Angreifer damit und fordern Sie mit Entschiedenheit und Autorität seine Entschuldigung.
WITZFERTIGKEIT	**MIT CHARME UND ESPRIT**
Teekesselchen	Sie spielen mit Begriffen und ihren möglichen verschiedenen Bedeutungen. Dabei können Sie auch bewusst die Bedeutung missverstehen.
Übertriebenes Detail	Sie schildern oder beschreiben einen Sachverhalt, ein Ereignis oder einen Gegenstand extrem detailliert und unerwartet.
Praxistest	Sie spielen die Konsequenzen einer Äußerung, Unterstellung oder eines Tadels eines Aggressors in der Praxis mit überraschenden Ergebnissen durch.
Akzente und Schwerpunkte setzen	Sie spielen mit Betonungen, um neue Akzente und Schwerpunkte zu setzen.
Heitere Interpretation	Eine schöne Strategie, die insbesondere Situationen, aber auch Aussagen heiter oder „naiv" uminterpretiert.
Verblüffende Gegensätze	Sie spielen mit unerwarteten Gegensätzen, die oft auch noch übertrieben werden.

Den Unbedarften spielen / Columbo-Strategie	Man stellt sich dumm und interpretiert Aussagen, insbesondere Prahlereien, in einem sehr „naiven“ Sinn.
Witzige Definition	Sie definieren Begriffe und Worte anders, ungewöhnlich und in Ihrem Sinne.
Schrille Begründung	Über freies Assoziieren stellen Sie neue Sinnzusammenhänge her, die Sachverhalte begründen oder Fragen außergewöhnlich, eben etwas schrill, beantworten können.
Sprichwortspiel	Ähnlich wie beim unpassenden Sprichwort verknüpfen Sie Sprichwörter oder Bonmots auf ungewöhnliche und eventuell witzige Weise oder ziehen interessante neue Konsequenzen daraus.
Witzstrategie (Frauen-Special)	Sie kontern Bemerkungen mit stehenden Witzen der ähnlichen Kategorie. Im Zweifelsfall den Härtegrad steigern.

9.2 „Spontaneität will gut überlegt sein!“

Hier habe ich Ihnen einige Szenen zusammengestellt, mit deren Hilfe Sie sich für vieles sensibilisieren können, was ich in den vorigen Kapiteln beschrieben habe.

Lesen Sie sich den Text bitte einmal in aller Ruhe durch. Anschließend finden Sie einige Aufgaben, mit denen Sie Ihren Blick für Situationen, Menschen, Strategien und Techniken schärfen können. Meine Kommentare und Auflösungen finden Sie zum Ende des Kapitels.

„Dramatis Personae“

Kommentator	kommentiert
Katharina Zerbst	Sekretärin – ärgert sich und tut etwas
Alina Schön	Sachbearbeiterin und Freundin von Katharina Zerbst – ärgert sich ebenfalls und tut etwas
Franz Altklug	Sachbearbeiter – ärgert andere und schließlich auch sich
Sabine Neben	Sekretärin und Kollegin von Katharina Zerbst – ärgert sich am Ende ebenfalls

Verkäuferin	im Flotho-Markt – ärgert andere und schämt sich dann
Ungepflegter Mann	im Flotho-Markt – brüllt und ist unappetitlich
Herr Oben	Chef der Abteilung – stürmt und leitet Sitzungen, manchmal sich selbst aber zu wenig
Mehrere Kollegen und Kolleginnen	bei der Abteilungsbesprechung – arbeiten und seufzen
Bürobote	macht dumme Bemerkungen und stolpert dann in die Gruben, die ihm andere graben

Im Büro		
1	Katharina: (flucht leise vor sich hin)	*„Wo sind denn diese verdammten Heftklammern!"*
2	Altklug: (gehässig)	*„... Sie sind wohl kein Genie?"*
3 4 5	Kommentator:	Den Altklug mit seinen überflüssigen Kommentaren hat sie ja gefressen. Nur seinetwegen war sie gerade in einem „Schlagfertigkeitstraining". Gebracht hat das ja wohl nichts. Wo bleibt denn jetzt einer dieser schlauen Sprüche, die ihr da eben noch auf der Zunge lagen? Ihr wird rot vor Augen. Tief Luft holen, bis zehn zählen, dann ist man doch angeblich wieder denkfähig. Verdammt, ihr fällt nichts ein, doch dann hört sie sich selbst ...
6	Katharina: (lächelnd)	*„Ach, Herr Altklug, guten Morgen. Wie schön, Sie zu sehen. Warten Sie schon lange? Was führt Sie her?"*
7 8	Kommentator:	Sie lächelt den Blödian geduldig an. Erwartungsvoll mustert er sie. Langsam malt sich Verwirrung auf seinem Gesicht ab.

9	Altklug:	*„Äh, ja, also ...“*
10	Kommentator:	Katharina legt nachdenklich den Kopf schräg. Verwirrt hat sie den Altklug noch nie erlebt. Das war zwar nicht, was sie wollte, aber für den ersten Versuch ist das auch nicht schlecht. Überraschung ... Vielleicht funktioniert es ja doch?
11	Sabine: (irritiert)	*„Sag mal! Was war denn das? Der war ja voll von der Rolle!“*
12	Kommentator:	Katharina lächelt die Kollegin an. Ihr Verhalten war wohl doch effektvoller, als sie dachte.
13	Katharina:	*„Du, ich geh grad mal runter und hole Heftklammern. Die sind wohl wieder mal alle!“*
14	Sabine:	*„Katharina, der Chef kommt jeden Moment. Du weißt doch, wie er ist, wenn du morgens nicht da bist. Er erwartet den aktuellen Stand.“*
15	Katharina:	*„Sabine, das kannst du genauso gut. Bring ihm den Kaffee und die Postmappe. Es dauert nur ein paar Minuten.“*
16	Kommentator:	Katharina schnappt ihre Handtasche und flitzt die Treppe hinunter in den Flotho-Markt.

IM FLOTHO-MARKT		
1	Katharina: (zu einer Verkäuferin)	*„Entschuldigung, wo sind denn die Heftklammern?“*
2	Verkäuferin:	*„Können Sie nicht lesen?“*
3	Kommentator:	Katharina ist wie vor den Kopf geschlagen. Sie legt den Kopf schräg, schaut die Frau an.
4	Katharina:	*„Bitte!? Ich glaube, ich habe Ihre Beschreibung nicht verstanden.“*
5	Kommentator:	Na, was jetzt wohl passiert? Normalerweise wäre Katharina ja schon längst weitergegangen und hätte alleine gesucht.

6	Verkäuferin: (druckst)	*„In dem Gang direkt hinter Ihnen ... Rechte Seite."*
7	Kommentator:	Katharina ist verblüfft. Jetzt hat sie doch eigentlich nichts getan, ein bisschen warten und Frechheiten ignorieren. Schon das wirkt?! – So schlägt man zwar noch nicht zurück, aber man bringt ganz offensichtlich den anderen durcheinander – ja, erreicht sogar seine Ziele.
8	Katharina: (zu sich selbst)	*„Gut!"*
9	Kommentator:	Da rempelt sie jemand an. Ein ausgebeulter Jogginganzug brüllt in ihr rechtes Ohr.
10	Mann: (brüllt)	*„Ja pass doch auf, wo du langgehst! Plumpe Kuh, plumpe ...!"*
11	Kommentator:	Katharina mustert ihn konsterniert von oben bis unten. Was soll denn das? Geht's dem nicht gut? Erst rempelt er sie an und dann tobt er auch noch rum. Es wallt ihn ihr hoch, halt, Moment, ist das nicht die ideale Situation für die „Regenschirmtaktik"? In dem Zustand ist der Typ doch wohl kaum ansprechbar? Also, kann man doch gar nichts tun. Noch einmal mustert sie den Tobenden:
12	Katharina: (lächelnd, laut)	*„So, so."*
13	Kommentator:	Sie dreht sich hoheitsvoll um und schreitet zur Kasse. Während die anderen noch gaffen und der Typ weitertobt, wird sie schon bedient. Im Hinausgehen hört sie den Mann immer noch. Manche Leute haben Probleme, schüttelt sie den Kopf.

Im Büro beim Chef		
1	Kommentator:	Im Büro ist kein Mensch zu sehen. Gemurmel dringt durch die Cheftür. Mist, ist er doch eher gekommen. Katharina nimmt ihre Berichtsmappe und klopft.
2	Katharina:	*„Guten Morgen, Herr Oben."*

3	Herr Oben: (verärgert, ironisch)	*„Guten Morgen, Frau Zerbst. Kommen Sie tatsächlich auch noch mal zur Arbeit?"*
4	Kommentator:	Katharina seufzt innerlich. Müssen sich heute alle aufblasen? Aber sie kennt Ihren Chef ja und wusste, was kommt. – Selbst schuld.
5	Katharina:	*„Sie sind verärgert."*
6	Herr Oben:	*„Allerdings. Sie wissen, dass ich morgens sofort informiert werden möchte."*
7	Katharina:	*„Hat Frau Neben ihnen schon die Postmappe gezeigt?"*
8	Herr Oben:	*„Wir sind gerade dabei."*
9	Katharina:	*„Gut, wenn Sie alles durchgegangen sind, sollten wir die laufenden Fälle besprechen. Einverstanden?"*
10	Kommentator:	Sabine will Katharina die Postmappe geben, aber die schüttelt den Kopf.
11	Katharina: (zu Herrn Oben)	*„Mach nur weiter."* *„Sie wollen doch sicher auch, dass Frau Neben die Post mit Ihnen zu Ende bespricht? Sie haben ja schon angefangen."*
12 13	Kommentator:	Die Stirnfalte des Chefs vertieft sich, aber er nickt. Sabine geht die Briefe mit Herrn Oben durch. Katharina bereitet sich innerlich auf die drohende Auseinandersetzung mit ihrem Chef vor. Sein Ärger ist deutlich spürbar. Mit einem kurzen Nicken verabschiedet Herr Oben Sabine.
14	Herr Oben: (wütend)	*„Sind Sie eigentlich nie da?"*
15	Kommentator:	Das hat getroffen. Sie kommt sonst nie zu spät. Katharinas Lippen zucken. Mühsam konzentriert sie sich auf die Sache.
16	Katharina:	*„Was genau meinen Sie mit ‚nie'? Was konkret meinen Sie?"*

17	Herr Oben: (mit hochgezogenen Brauen)	*„Wie bitte?"*
18	Kommentator:	Tapfer schaut ihn Katharina an. Sie würde sich ja gerne verkriechen, aber kneifen geht nun nicht mehr.
19	Katharina:	*„Was bitte meinen Sie mit ‚nie'? Welchen oder welche Fälle meinen Sie?"*
20	Herr Oben: (verwirrt, verlegen)	*„Nun ... Nun, ich habe gleich noch einen Termin, wir klären das später. Lassen Sie uns jetzt über die aktuellen Vorgänge sprechen ..."*
21	Kommentator:	Er wirkt etwas verlegen und ist plötzlich sehr höflich. Katharina würde schon gern nachkarten. Schließlich ist sie sonst nie zu spät, aber Respekt und eine Erinnerung halten sie zurück.
22		*„Verzichten Sie auf Triumph"*, hört sie die Trainerin im Hinterkopf, *„was wollen Sie, gewinnen oder für die Wahrung Ihrer Grenzen sorgen?"*
23		Als Katharina Herrn Obens Büro verlässt, stößt sie mit ihrer Freundin Alina Schön zusammen.

IM VORZIMMER		
1	Alina:	*„Guten Morgen, Katharina, entschuldige."*
2	Katharina:	*„Morgen Alina, gleichfalls. Wie geht's?"*
3	Alina:	*„Frag mich besser nicht. Gerade habe ich den Altklug gesehen, da schmeckte ich schon wieder Galle. Mann, dass ich heute Morgen auch nicht an die Sitzung gedacht habe. Jetzt macht der Altklug gleich wieder seine blöden Witze über meinen Rock."*
4	Katharina:	*„Der hat es heute auch schon bei mir versucht. Natürlich fiel mir erst nichts ein, aber dann habe ich das gezielt ignoriert und der war echt von der Rolle."*
5	Alina:	*„Nimm's mir nicht übel, aber ich möchte ihm gerne so richtig eins reinwürgen."*

6	Katharina: (grinst)	*„Ich gönne es dir. Sag mal, was für Bemerkungen macht der denn so? Soll ich dir von den Schlagfertigkeitstechniken vom Wochenende erzählen ...?“*

IM BESPRECHUNGSRAUM		
1	Kommentator:	Alina Schön betritt den Besprechungsraum. Ihr „Lieblingskollege“ sitzt schon auf der Fensterseite. So sieht man sein Gesicht schlecht. Sie grüßt die Anwesenden, geht zu ihrem Platz.
2		Altklug schwingt auf seinem Stuhl herum und mustert sie von oben bis unten.
3		Alina wird warm. Im Hinsetzen klappt der Frontschlitz ihres Rockes auf. Sie fühlt Altklugs Blick.
4	Altklug:	*„Na, Frau Schön, werden Sie heute mal wieder für Ihre Beine bezahlt?“*
5	Kommentator:	Ha, hat sie es doch gewusst! Irgend so etwas musste ja kommen!
6		Ganz langsam dreht sie sich um, zaubert ein Lächeln auf ihr Gesicht und sieht Altklug an.
7	Alina:	*„Natürlich, Herr Altklug, reine Fürsorge. Manche Männer können halt besser gucken als denken.“*
8	Kommentator:	Ein Seufzer zieht durch den Raum. Altklug ist seltsam still.
9	Herr Oben: (stürmt herein)	*„Guten Morgen.“*
10	Kommentator:	Alle arbeiten zügig die Tagesordnungspunkte ab. Alina berichtet von den Fortschritten ihrer Verhandlungen mit Breuer & Co.
11	Altklug:	*„Sie liegen hier doch völlig falsch. Den Vorschlag akzeptieren die doch nie!“*
12	Alina: (gelangweilt)	*„Wenn es Sie glücklich macht, gebe ich Ihnen gerne Recht.“*
13	(zu den Kollegen)	*„Unser Vorschlag wird den Bedürfnissen von Breuer & Co. in folgenden Punkten entgegenkommen ...“*

14	Altklug:	*„Das funktioniert doch nie und nimmer. Als Logistiker empfehle ich Ihnen …“*
15	Alina:	*„Sie haben sicherlich aus Ihrer Sicht Recht, dennoch bleibt unsere Abteilung bei diesem Vorschlag. Damit können wir die neuen Anforderungen bedienen und das bestehende System optimal unterstützen.“*
16	Altklug: (schrill)	*„So ein Unsinn, Sie reden doch total unqualifizierten Quatsch …“*
17	Alina:	*„Herr Altklug, Sie glauben sicherlich, Sie wissen, worum es geht. Aber Sie unterbrechen mich nicht nur, ohne die Situation zu kennen, sondern beleidigen auch noch meine Arbeit und die der Kollegen. Ich erwarte Ihre Entschuldigung.“*
18	Altklug:	*„Dann sollten Sie besser …“*
19	Alina: (ernst)	*„Ich erwarte Ihre Entschuldigung.“*
20	Kommentator:	Alle schauen gespannt auf die beiden Kampfhähne.
21	Altklug:	*„Also, Ihr …“*
22	Alina:	*„Nun, wo bleibt Ihre Entschuldigung?“*
23	Altklug: (druckst, errötet)	*„Also, ich habe es ja gar nicht so gemeint, Sie haben mich da nur missverstanden …“*
24	Herr Oben: (in die Runde)	*„Nun, da das geklärt ist, können wir uns ja wieder dem Vorschlag von Frau Schön zuwenden. Mir scheint ihr Vorschlag wohl überdacht. Machen Sie weiter so.“*
25	Kommentator:	Die Kollegen nicken. Für den Rest der Sitzung ist von Altklug nichts mehr zu hören.

NACH DER SITZUNG IM BÜRO		
1	Katharina: (neugierig)	*„Und, wie war es?“*
2	Alina: (strahlt)	*„Wunderbar. Er war platt. Es war zwar nicht ganz die besprochene Formulierung, aber es hat trotzdem ge-*

		klappt. Obwohl, er ist ein zäher Hund, hat nachher noch völlig abgedreht, wurde richtig unverschämt, ich würde nur Quatsch reden ... *Aber dann habe ich tatsächlich seine Entschuldigung gefordert. Es war wirklich unangenehm, ich wusste ja nicht genau, was ich noch hätte tun sollen, aber dann fing er an herumzudrucksen und sich zu winden.* *Na ja, und dann hat der Chef eingegriffen und ich habe auf ganzer Linie gesiegt.“*
3	Sabine: (ärgerlich)	*„Sagt mal, jetzt habt ihr ja wohl alle auf dem Kieker, was?“*
4	Kommentator:	Alina und Katharina schauen sie gelassen an, zucken mit der Schulter.
5	Katharina:	*„Wenn der Frosch hüpft ...“*
6	Alina:	*„... singt der Papagei.“*
7	Kommentator:	Beide lachen wie auf Kommando los.
8	Sabine: (giftet irritiert)	*„Was war das jetzt? Auch wieder so ein Experimentier-scheiß?“*
9	Katharina:	*„Apropos, bei dem Stichwort fällt mir ein, Autotest. Ich habe da gerade einen spannenden Bericht gelesen ... Du wolltest doch ...“*
10	Kommentator:	Katharina und Alina sind ganz offensichtlich mit einem neuen Thema beschäftigt. Sabine gibt auf. Jetzt drehen die beiden wohl völlig ab. Besser nicht mit Ihnen anlegen. Sabine rauscht ab.
11	Katharina:	*„Wir werden immer besser.“*
12	Alina:	*„Aber leicht ist es auch nicht unbedingt. Und ich hatte eigentlich mit mehr Witz gerechnet.“*
13	Katharina:	*„Das kommt noch, ich habe da eine ganze Sammlung auf Lager. Aber nur für Frauen ...“*
14	Bürobote: (im Vorbeigehen)	*„Ach, Kaffeeklatsch?“*
15	Alina:	*„Nein, Parkplatzsuche.“*

16	Bürobote:	*„Hä?“* (stolpert dabei über den Prospektständer)
17	Katharina: (strahlt)	*„Ich glaube, es wird doch noch ganz lustig.“*

Aufgaben für Ihre Übungspraxis

1. Wo finden in diesen Szenen „Übergriffe“ statt?
2. Wer ist das oder wer sind die „Opfer“?
3. Welche „Opferreaktionen“ können Sie erkennen?
4. Wer ist der oder wer sind die „Aggressoren“?
5. Welche Motive für ihr Tun haben die Aggressoren?
6. Welche Selbstverteidigungsstrategien werden in diesen Szenen angewandt?
7. Wie verändern sich die Protagonisten?

9.3 Welche Technik steckt dahinter?

Nehmen Sie sich am besten die Übersicht zu den Selbstverteidigungsstrategien zur Hand und prüfen Sie, welche der vorgestellten Strategien sich hinter dem jeweiligen Beispiel versteckt. Die Auflösung finden Sie am Ende des Kapitels.

1	*„Ja, es wird heute noch regnen. Haben Sie eigentlich einen Schirm mitgenommen? Also ich habe zwar den Wetterbericht gehört, aber der hat uns ja schönes Wetter versprochen. Ich möchte mal wissen, wie diese Vorhersagen zu Stande kommen. Ich glaube ...“*
2	*„Sie haben mich gekränkt. Ich erwarte von Ihnen eine Entschuldigung!“*
3	*„Ach was!“*
4	Es heißt: Die Ökosteuer ist völliger Unsinn oder totaler Quatsch. Die Wahrheit liegt wie immer in der Mitte.
5	Ausflug zum Bundeshaus nach Berlin. Der kleine Kai: *„Papa, wozu sind denn die vielen breiten Rasenstreifen rings um das Gebäude?“* Papa: *„Damit es nicht so laut klimpert, wenn das Geld zum Fenster hinausgeworfen wird!“*
6	*„Wie bitte?“*
7	*„Du bist noch skeptisch.“*
8	*„Wie meine Großmutter immer sagte: Die Mücke fliegt so lange ums Licht, bis ihr die Puste ausgeht.“*

9	*„Gehen Sie nach Bonn?“* Franz-Josef Strauß: *„Ich fliege morgen nach Bonn.“*
10	Morgenstund hat Gold im Mund.
11	*„Apropos Straße – ich habe gerade gestern gehört, dass das Benzin wieder teurer wird. Wo soll das noch hinführen? Bald kostet ein Liter Benzin so viel wie eine Kinokarte. Wer kann sich das Autofahren dann noch leisten? Ich denke ...“*
12	Bolges haben einen bösen Streit hinter sich. Erschöpft sinkt sie in einen Sessel und ruft klagend: *„Hätte ich dich doch niemals kennen gelernt!“ – „Da sieht man's mal wieder“*, sagt er, *„jetzt, wo es zu spät ist, hast du Mitleid mit mir!“*
13	*„Inwiefern war das ein Beitrag zur Sache?“*
14	*„Was genau meinen Sie mit ...“*
15	*„Mit den Worten ... haben Sie mich beleidigt. Ich erwarte von Ihnen eine Entschuldigung.“*
16	*„Hilft es Ihnen, wenn ich Ihnen Recht gebe?“*
17	Der Sohn: *„Mami, ich bin in eine Pfütze gefallen.“ – Mit deinen guten Sachen?“ – „Ja, es war leider keine Zeit mehr, mich umzuziehen.“*
18	Viele Köche suchen das dicke Ende.
19	*„Stimmt! Wir sind vermutlich wirklich kleinbürgerlich und nutzen einfach nur die Gelegenheit zum Nörgeln. Und dennoch ...“*
20	*„A-ha!“*
21	*„Mit dieser Bemerkung greifen Sie mich persönlich an.“*
22	*„Ich bewundere Ihre Ausdrucksfähigkeit.“*
23	Der Polizist hält die Radfahrerin an, weil sie bei Rot über die Kreuzung gefahren ist. *„Haben Sie denn mein Pfeifen nicht gehört?“*, fragt er streng. – *„Das schon“*, sagt sie atemlos, *„aber ich habe schon eine Verabredung.“*
24	*„Sie sind ja manchmal wirklich brutal direkt. So viel Mut nötigt mir Respekt ab.“*
25	*„Sitzt Max Plümmer immer noch im Vorstand der Klemm AG?“ – „Nein“*, grinst ein Freund des Direktors, *„er sitzt zwar noch, aber inzwischen ganz woanders!“*
26	Der SPD-Vorsitzende Ollenhauer sagte zu Adenauer 1960 in einer Bundestagsdebatte: *„Herr Bundeskanzler, seien Sie doch nicht so eklig zur Opposition, schließlich müssen wir unter demselben Himmel leben.“* Darauf der Alte: *„Schon richtig, aber wir haben nicht alle denselben Horizont.“*

27	*„Was meinen Sie genau, wenn Sie sagen ...“*
28	*„Sie haben etwas anderes erwartet.“*
29	*„Unsere Ehe wird kein reines Vergnügen“*, erklärt der Bräutigam seiner Braut. *„Du wirst z.B. jeden Tag das Essen kochen müssen.“ – „Aber ja, mein Liebling“*, lächelt sie sanft, *„und du wirst es jeden Tag essen müssen.“*
30	Der neue Verwaltungsangestellte wird von seinem Chef in den höchsten Tönen gelobt. *„Klasse, Herr Niemeyer! Erst drei Wochen hier und schon vierzehn neue Formulare ausgearbeitet!“*
31	*„Was hat das mit unserem Thema zu tun?“*
32	*„So möchte ich mit Ihnen nicht weiterreden. Hören Sie auf, mich zu beleidigen.“*
33	*„Stimmt! An Ihrer Stelle würde mich das auch ärgern. – Und das Dachfenster stand so nicht in den Bauplänen.“*
34	*„Das ist niveaulos. Ich erwarte eine Entschuldigung.“*
35	*„Wie?“*
36	*„Ich kann gut verstehen, dass Sie eine schnelle Antwort wünschen. Und dennoch brauche ich noch einen Tag Bedenkzeit.“*
37	*„Wissen Sie, mir gehen da andere Sachen durch den Kopf. Warum werden im Fernsehen nur so viele Wiederholungen gezeigt? Ich verstehe das nicht. Wenn ich mal abends gemütlich fernsehen will, dann kommen meistens nur Spielfilme, die ich schon mindestens zweimal gesehen habe.“*
38	*„Merkwürdig, wie acht Glas Sekt dich verändern“*, sagt die Ehefrau zu Ihrem beschwipsten Gemahl. *„Ich habe doch gar keine acht Glas getrunken!“* protestiert er. Lächelt sie: *„Aber ich!“*
39	*„Mit solchen Bemerkungen kommen wir nicht weiter. Bitte lassen Sie uns bei der Sache bleiben.“*
40	*„Entschuldigung, was hatten Sie gesagt?“*
41	*„Ich würde es ja eher Bedachtsamkeit nennen ...“*
42	Sie lesen weiter ...
43	Sie knabbern konzentriert an Ihrem Bleistift ...
44	Stammtischdefinition von Politik: *„Das ist die Kunst, von den Reichen das Geld und von den Armen den Stimmzettel zu bekommen, indem man ihnen verspricht, die einen vor den anderen zu beschützen!“*

45	Ein erstauntes Gesicht machen.
46	Nachdenklich und ernst nicken.
47	*„Oh, und ich dachte das sei flexibel ..."*
48	*„Sie legen da so viel Engagement hinein. Das ist wirklich bewundernswert."*
49	Der Polizist: *„Sie haben ein falsches Alter angegeben." – „Kein falsches, nur ein früheres ..."*
50	*„Sie schweifen ab."*
51	*„Wann kann ich denn mal Ihre Drillinge sehen?" – „Am besten nachts um drei, da sind sie am muntersten."*
52	Hier Freiheit – da Diktatur!
53	Sie schreiben unbeirrt ...
54	*„Die Erde glüht im Inneren"*, erklärt der Lehrer in der Schule. Darauf Mäxchen: *„Das ist unmöglich. Ich habe doch immer kalte Füße."*
55	*„Sie sind anderer Meinung als ich."*
56	*„Wenn dir das hilft, gebe ich dir gerne Recht."*
57	Bei Limkes hängt der Haussegen schief. *„Was warst du mal für eine schöne und liebevolle Frau. So zart, so zierlich, so sanft!"* – Frau Limke: *„Sehr richtig! Und jetzt schau dir an, was du im Laufe der Jahre daraus gemacht hast!"*
58	*„Was genau bedeutet ..."*
59	Der Lehrling trifft im Fahrstuhl seinen Chef. Der tadelt ihn: *„Schon wieder zu spät!"* – „Darauf der Lehrling vertraulich: *„Ich auch, Chef!"*
60	*„Ich gebe dir gern Recht, wenn es dir dadurch ein bisschen besser geht."*
61	Gast: *„Herr Ober, ich habe jetzt schon zehnmal ein Schnitzel bestellt!" – „Bei großen Mengen dauert es immer etwas länger!"*
62	Man stolpert selten über seine Fehler, aber oft darüber, was andere daraus machen.

63	Johann Lafer: *„Nimm mal das dicke Ende ...“* Kerner: *„Ja, das kommt immer ...“*
64	Der erste Tranquilizer, der nicht müde macht!
65	Er bittet seine um einen halben Kopf größere Freundin, ihn zu heiraten. Sie zögert. Da fragt er: *„Du liebst mich nicht?“* – *„Doch“*, erwidert sie. *„Aber ein Leben lang flache Absätze, das will überlegt sein.“*
66	*„Wusstest du eigentlich, dass man für einen Pullover ein Dutzend Schafe benötigt?“* – *„Ich wußte ja nicht einmal, dass Schafe stricken können.“*
67	Frau Hirnziefel ist in Behandlung und fragt: *„Herr Doktor, sind Bratheringe eigentlich gesund?“* – *„Vermutlich, bei mir war noch keiner in Behandlung.“*
68	Zwei Herren im Bus. *„Mit diesem Bus fahre ich jetzt schon zehn Jahre.“* – *„Wirklich? Wo sind Sie denn da eingestiegen?“*
69	Sie zupfen Fusseln.
70	*„Ich befürchte, ich ändere meine Meinung nicht so schnell ...“*
71	Wernher von Braun in der entscheidenden Sitzung des amerikanischen Senats wegen der Finanzierung des aufwändigen Mondprogramms auf die Frage eines Senators: *„Was suchen Sie da eigentlich auf dem Mond?“* – *„The Russians!“* Diese Antwort brachte den Durchbruch bei der Bewilligung von 25 Mrd. Dollar!
72	Der konservative Disraeli äußerte sich über seinen ebenso konservativen Erzgegner Gladstone einmal wie folgt: *„Sie wollen den Unterschied zwischen Unfall und Unglück wissen? Wenn Gladstone in die Themse fällt, so ist das ein Unfall. Aber wenn ihn jemand wieder herauszieht, so ist das ein Unglück.“*
73	*„Sag bloß.“*
74	Der Feldwebel im Waffenunterricht: *„ ... und einem Flüchtenden darf nur in die Beine geschossen werden; also Brustbein, Schambein, Stirnbein, Jochbein und so weiter.“*
75	*„Hallo, Kai! Gut, dass ich dich treffe. Kannst du mir hundert Euro leihen?“* – *„Tut mir leid, ich habe kein Geld bei mir.“* – *„Und zu Hause?“* – *„Danke, da ist alles in Ordnung!“*
76	*„Was verstehen Sie unter ...“*
77	*„Die ewige Liebe muss man unbedingt mehrere Male erleben – zum Vergleich.“* Katharine Hepburn

9.4 Finden Sie wirkungsvolle Repliken

Hier habe ich Ihnen eine Reihe von üblichen „Killerphrasen" zusammengestellt, auf die Sie eigene Repliken finden und testen können. Prüfen Sie sie mit etwas zeitlichem Abstand auf ihren kontroversen Gehalt hin.

- *„Das ist falsch."*
- *„Das glaube ich nicht."*
- *„Das ist doch Unsinn."*
- *„Sie haben nicht richtig zugehört."*
- *„Ich habe Ihre Problemlösung."*
- *„Da haben Sie mich falsch verstanden."*
- *„Sie wissen es wohl besser."*
- *„Ich muss andauernd in dieser Sache kommen."*
- *„Wollen Sie jetzt die Aufgabe übernehmen oder nicht?"*
- *„Im Augenblick habe ich keine Zeit, mich mit Ihrer Angelegenheit zu befassen."*
- *„Das habe ich nicht gesagt."*
- *„Ich beweise Ihnen das Gegenteil."*
- *„Sie werden es nicht bereuen."*
- *„Sie werden es nicht glauben."*
- *„Lassen Sie mich ausreden."*
- *„Sie sind unverschämt."*
- *„Sie lügen."*
- *„Lassen Sie mich in Ruhe."*
- *„Man tut so etwas nicht."*
- *„Sie kommen sehr ungelegen."*
- *„Sie sind zu teuer."*
- *„Sie halten Ihre Termine nicht ein."*
- *„Ihre Arbeit ist indiskutabel."*
- *„Ihre Arbeitsleistung ist unter aller Kritik."*
- *„Das interessiert mich nicht."*
- *„Sie sind nicht auf der Höhe."*
- *„Die anderen Mitarbeiter pflegen rechtzeitig anzurufen."*
- *„Sie täuschen sich."*
- *„Unterstellen Sie mir nicht immer etwas."*
- *„Ich sage Ihnen, was Sie tun müssen."*
- *„Ich weiß schon, was für Sie das Beste ist."*

9.5 Auflösungen

9.5.1 „Spontaneität will gut überlegt sein!"

1. WO FINDEN IN DIESEN SZENEN „ÜBERGRIFFE" STATT?

Im Büro:	Zeile 2
Im Flotho-Markt:	Zeile 2, 9, 10
Im Büro beim Chef:	Zeile 3, 6, 12, 14, 17, 23
Im Besprechungsraum:	Zeile 2, 4, 11, 14, 16, 18, 19 Zeile 7: Die Witzstrategie kann als Übergriff interpretiert werden.
Nach der Sitzung im Büro:	Zeile 3, 8, 14

2. WER IST DAS ODER WER SIND DIE „OPFER"?

- Katharina Zerbst
- Alina Schön
- Herr Oben (Tatsächlich ist auch Herr Oben ein Opfer, denn Katharina Zerbst greift in seine Entscheidungs- und Weisungsbefugnis ein [Im Büro beim Chef, Zeile 11]. Logisch, dass er sich wehrt, wenn auch nicht auf eine Weise, die das Problem wirklich klären würde. Mehr Selbsterkenntnis und Offenheit hätte ihm die Schlappe, die Katharina Zerbst ihm beibringt, ersparen können.)

3. WELCHE „OPFERREAKTIONEN" KÖNNEN SIE ERKENNEN?

Wut, Ärger, rot vor Augen werden, Fadenriss, vor den Kopf geschlagen sein, Magendrücken/Ängstlichkeit, getroffen sein, zusammenzucken, Konzentrationsschwierigkeiten, abgelenkt sein, Fluchttendenzen, Galle schmecken/spüren, Rache, Brüten, Vorwegnahme übler Erfahrungen, Wärmegefühl, schmollen, Verwirrung, Ungeschicklichkeit, Rückzug.

4. WER IST DER ODER WER SIND DIE „AGGRESSOREN"?

- Franz Altklug
- Sabine Neben
- Katharina Zerbst
- Verkäuferin
- Ungepflegter Mann
- Bürobote
- Herr Oben

5. Welche Motive für ihr Tun haben die Aggressoren?

Franz Altklug:	Überheblichkeit? Jäger?
Sabine Neben:	Angst (Tollpatsch)
Katharina Zerbst:	Unabsichtlichkeit, Panne (Tollpatsch)
Verkäuferin:	Ausrutscher, Panne (Tollpatsch, Wütender)
Ungepflegter Mann:	Choleriker, gereizt (Wütender)
Bürobote:	Verunglückter Scherz, (Tollpatsch)
Herr Oben:	Macht, Hierarchie (Jäger, Wütender)

6. Welche Selbstverteidigungsstrategien werden in diesen Szenen angewandt?

Zeile	Strategie
Im Büro	
4	Bis zehn zählen
6	Ignorieren/Umleitung
7	Stumme Geste
Flotho-Markt	
3	Stumme Geste
4	Rückfrage
11	Stumme Geste Regenschirm
12	Zweisilbiger Kommentar
Im Büro beim Chef	
5	Sachliche Feststellung
7	Umleitung
16, 19	Entgiftende Gegenfrage
Im Vorzimmer	
1	Keine Strategie, sondern eine schlichte Entschuldigung

IM BESPRECHUNGSRAUM	
6	Stumme Geste/Bis zehn zählen
7	Witzstrategie
12, 15	Scheinzustimmung
17	Klartext/Konfrontation
19	Konfrontation
22	Konfrontation
NACH DER SITZUNG IM BÜRO	
4	Stumme Geste
5, 6	Unpassendes Sprichwort
9	Umleitung
15	Verblüffende Gegensätze

7. WIE VERÄNDERN SICH DIE PROTAGONISTEN?

Alina Schön und Katharina Zerbst werden gelassener, mutiger und gehen an die Grenze der Übertreibung. Das Selbstwertgefühl steigt, sie verbreiten aber auch Angst und werden etwas rücksichtslos (siehe Bürobote und Sabine Neben).

9.5.2 Welche Technik steckt dahinter?

1	Umleitung	13	Differenzieren
2	Konfrontation	14	Entgiftende Gegenfrage
3	Zweisilbiger Kommentar	15	Konfrontation
4	Sprichwortspiel	16	Scheinzustimmung
5	Die schrille Begründung	17	Die schrille Begründung
6	Rückfrage	18	Unpassendes Sprichwort
7	Sachliche Feststellung	19	Empathische Zustimmung
8	Unpassendes Sprichwort	20	Zweisilbiger Kommentar
9	Teekesselchen	21	Klartext
10	Unpassendes Sprichwort	22	Kompliment
11	Umleitung	23	Die heitere Interpretation
12	Verblüffende Gegensätze	24	Kompliment

25	Akzente und Schwerpunkte setzen	52	Verblüffende Gegensätze
26	Teekesselchen	53	Ignorieren
27	Entgiftende Gegenfrage	54	Praxistest
28	Sachliche Feststellung	55	Sachliche Feststellung
29	Praxistest	56	Scheinzustimmung
30	Das übertriebene Detail	57	Akzente und Schwerpunkte setzen
31	Differenzieren	58	Entgiftende Gegenfrage
32	Klartext	59	Die heitere Interpretation
33	Empathische Zustimmung	60	Scheinzustimmung
34	Konfrontation	61	Die heitere Interpretation
35	Rückfrage	62	Der verblüffende Gegensatz
36	Empathische Zustimmung	63	Sprichwortspiel
37	Umleitung	64	Verblüffende Gegensätze
38	Akzente und Schwerpunkte setzen	65	Praxistest
39	Klartext	66	Den Unbedarften spielen / Columbo
40	Rückfrage	67	Das übertriebene Detail
41	Umdefinition	68	Den Unbedarften spielen / Columbo
42	Ignorieren	69	Stumme Geste
43	Ignorieren	70	Umdefinition
44	Die witzige Definition	71	Die schrille Begründung
45	Stumme Geste	72	Die witzige Definition
46	Stumme Geste	73	Zweisilbiger Kommentar
47	Umdefinition	74	Die witzige Definition
48	Kompliment	75	Den Unbedarften spielen / Columbo
49	Teekesselchen	76	Rückfrage
50	Differenzieren	77	Sprichwortspiel
51	Das übertriebene Detail		

Falls Sie in Teilen zu anderen Ergebnissen gekommen sind, ist das nicht dramatisch. Viele Strategien vermischen bzw. kombinieren verschiedene Elemente. Hier sind also unterschiedliche Interpretationen möglich. Wichtig ist, die Grundprinzipien zu erkennen, zu üben und die vorgestellten Strategien anwenden zu können.

LITERATURHINWEISE

- Berckhan, Barbara: Die etwas intelligentere Art, sich gegen dumme Sprüche zu wehren. Selbstverteidigung mit Worten. München 2008
  Das ist das Buch, mit dem ich in das Thema eingestiegen bin. Es richtet sich vor allem an Frauen.
- Birkenbihl, Vera F.: Warum wir andere in die Pfanne hauen. Paderborn 2003
  Gut, auch wenn ich sonst nicht der Fan von Frau Birkenbihl bin.
- Fey, Gudrun: Gelassenheit siegt! Mit Fragen, Vorwürfen, Angriffen souverän umgehen. Regensburg 2005
  Gudrun Fey und ich vertreten ähnliche Ansichten.
- Fischer, Roger / Brown, Scott: Gute Beziehungen. Die Kunst der Konfliktvermeidung, Konfliktlösung und Kooperation. Frankfurt 2000
  Es ist prinzipiell wichtig, die Grundlagen guter Beziehungen und Kommunikation zu kennen.
- Grötzebach, Claudia: Vorsicht Manipulation! Berlin 2007
  Das Buch ist eine Ergänzung und macht da weiter, wo wir in diesem Buch Grenzen ziehen müssen.
- Harris, Thomas A.: Ich bin o.k. – Du bist o.k. Reinbek 1975
  Eine verständliche Einführung in die Transaktionsanalyse.
- Kirschner, Josef: Manipulieren – aber richtig. Die acht Gesetze der Menschenbeeinflussung. München 1999
- Kirschner, Josef: So siegt man, ohne zu kämpfen. München 1998
  Beide Bücher von Kirschner sind zwar älter, aber gut lesbar und inhaltlich gut.
- Lemmermann, Heinz: Schule der Debatte. Heidelberg 1991
  Ein Klassiker mit wunderbaren Beispielen, Anekdoten und viel Wissen.
- Nöllke, Matthias: Schlagfertigkeit. Freiburg 2006
  Eine gute Zusammenfassung der seinerzeitigen Literatur zum Thema. Erspart Etliches an Lektüre.
- Schmidt, Lothar: Schlagfertige Definitionen: Von Aberglaube bis Zynismus: 5000 geschliffene Begriffsbeschreibungen für Rede, Gespräch, Diskussion, Referat, Artikel oder Brief. Reinbek 1974
  Alt, aber sehr nützlich und vermutlich nur noch antiquarisch zu erhalten.
- Schopenhauer, Arthur: Eristische Dialektik oder die Kunst, Recht zu behalten. Zürich 2006
- Schulz von Thun, Friedemann: Miteinander reden. Reinbek 1998
  Der Klassiker.
- Thau, Martin: Intrigen: Heimtücke und Verschlagenheit im Alltag. Heidelberg 1994
- Thiele, Albert: Rhetorik: Sicher auftreten – überzeugend argumentieren. Niedernhausen 1998
- Von Harpe, Maria: Rhetorik. Münster 2001
  Ein gutes Buch, das auf Breite statt auf „Sparten-Rhetorik" setzt.

STICHWORTVERZEICHNIS